陈星灿 主编

写给青少年的考古书

人类的过往

人骨考古

张旭 著

中原出版传媒集团
中原传媒股份公司

大象出版社
·郑州·

图书在版编目(CIP)数据

人类的过往 / 张旭著; 陈星灿主编. -- 郑州 : 大象出版社, 2025. 7. -- (写给青少年的考古书).
ISBN 978-7-5711-2784-8

Ⅰ. K87-49

中国国家版本馆 CIP 数据核字第 2025DA9112 号

写给青少年的考古书

人类的过往

RENLEI DE GUOWANG

张 旭 著

出 版 人 汪林中
选题策划 管 昕
项目统筹 吕 鹏
责任编辑 张 琰
责任校对 张绍纳 任瑾璐
封面设计 王莉娟
内文设计 张 帆
插画绘制 潘显荔

出版发行 大象出版社(郑州市郑东新区祥盛街 27 号 邮政编码 450016)
发行科 0371-63863551 总编室 0371-65597936
网　　址 www. daxiang. cn
印　　刷 北京汇林印务有限公司
经　　销 各地新华书店经销
开　　本 889 mm×1194 mm 1/16
印　　张 10. 25
字　　数 138 千字
版　　次 2025 年 7 月第 1 版 2025 年 7 月第 1 次印刷
定　　价 49. 00 元

若发现印、装质量问题,影响阅读,请与承印厂联系调换。
印厂地址 北京市大兴区黄村镇南六环磁各庄立交桥南 200 米(中轴路东侧)
邮政编码 102600 电话 010-61264834

愿你在考古的星河中，

找到属于自己的光芒

陳星灿

总 序

亲爱的青少年朋友，当你翻开这套丛书时，或许你会想到考古学家头戴草帽、挥动手铲的画面，也或许脑中会闪过电影里惊险刺激的“寻宝”场景。但真正的考古远比你想象的更酷——它是科学与历史的交汇，是技术与人文的共舞。在这套丛书中，我们将带你走进一个全新的考古世界：在这里，显微镜能解码一粒古稻的生命之路，DNA 能复原一位 3000 年前战士的容颜，卫星影像能勾勒沙漠下失落城池的轮廓,同位素能揭示人和动物的食物来源，花粉能分辨出远古的气候波动和环境变迁。是的，这还只是考古学很少的一部分内容。现代考古学早已不再是“挖土”的艺术，而是一场跨越时空的科技探索之旅。

你是否想过，一块破碎的人骨能讲述什么故事？通过同位素分析，我们能判断古人一生迁徙的轨迹；扫描牙齿的微痕，我们能还原古人的饮食与健康状况；而颅骨的三维建模技术，能让千年前的古人在屏幕上重新微笑。不只人骨，动物骨骼也不再是博物馆里冰冷的展品，它们身上的切割痕迹昭示着远古的屠宰技术甚至古代社会的礼仪行为，残存的胶原蛋白则可能是揭示气候变迁的密码。就连一粒炭化的植物种子，也能在植物考古学家的实验室里，重现农业革命的壮阔历程。

考古学家就像侦探一样，但他们从不孤军奋战。在这套丛书中，你会看到化学家从陶片的残留物中分析古人的食谱；计算机专家用虚拟现实重建古代城市的繁华街市；物理学家通过金相分析不仅能鉴别出金属生产的不同阶段，也能分辨微妙的冶铸过程；动物考古学家通过动物的性别和年龄鉴定等分析手段，发现仰韶时代的中原地区开始了公猪阉割，而龙山时代的华北地

区已经开始剪羊毛了。这些发现告诉我们：科学与人文，从来都是人类认知世界的双翼。

科技手段让考古变得愈益精密，但考古学的灵魂始终是对“人”的关怀。我们分析新石器时代儿童的骨骼发育时，是在追问营养与文明的关系；我们在良渚古城的水利工程中看到现代工程的雏形时，是在思考人类如何与自然共生；我们在敦煌星图中发现唐代天文学家的宇宙观时，是在触碰人类对未知永恒的向往。考古不仅关乎过去，更是一面镜子——照见我们的来处，也映出未来的可能。

考古学家是拿着放大镜的诗人，他们能从破碎的陶片中感知整个文明的体温，在锈蚀的铜剑上触摸工匠或战士掌心的老茧。当你翻开这些书页，埋藏在土层或沉没于水下的故事就会苏醒：某位新石器时代工匠留在陶器上的指纹、南海沉船里尚未开封的越窑青瓷，甚至是被泥石流定格在惊恐瞬间的喇家遗址居民……所有被时光深埋的碎片，都在等待着你们新一代的破译者。

亲爱的青少年朋友，这套书不是一份“标准答案”，而是一封邀请函。它邀请你以科学家的严谨审视证据，以探险家的热情追问未知，以哲学家的胸怀思考文明。那些被深埋的故事，正等待着你们新一代人重新讲述。现在，请随着我们推开这扇时空之门——你手中的这套丛书，或许就是照亮前路的火种。

愿你在考古的星河中，找到属于自己的光芒。

陳星灿

2025 年 4 月

亲爱的青少年朋友们：

当你小时候缠着妈妈不停追问“我从哪里来”时，

当你揽镜自照端详自己棕色眸子、黑头发、黄皮肤时，

当你分享搞笑视频里举手投足像人类的黑猩猩时，

当你听到女娲手抟黄土创造人类的神话传说时，

当你参观博物馆展陈的古人类化石时，

当你偶然一瞥纪录片里刀耕火种的先民时，

当你吟诵杜甫“人生七十古来稀”的慨叹时，

你可知道一段百万年前的遗传密码，经历了怎样的时代变迁，参与了多少次的进化筛选，才得以塑造了一个独一无二的你？

你是否也曾好奇我们祖先的模样？他们曾是纵越在茂密林间的古猿，也是围坐在山洞里分享炙烤食物的原始人，更是历史洪流中的佼佼者。

人骨考古学，就是探索人类起源与演化、古代人类行为与健康的一门学科，它通过“以骨释古”的方式，解读人类骨骼中镌刻的兴衰历史，讲述那些创造了灿烂文明的先民的故事。

让我们拿起手中的卡尺，穿越万年时空追本溯源，与古老的骨骼对话，邂逅我们的祖先，丈量人类演化的步伐。

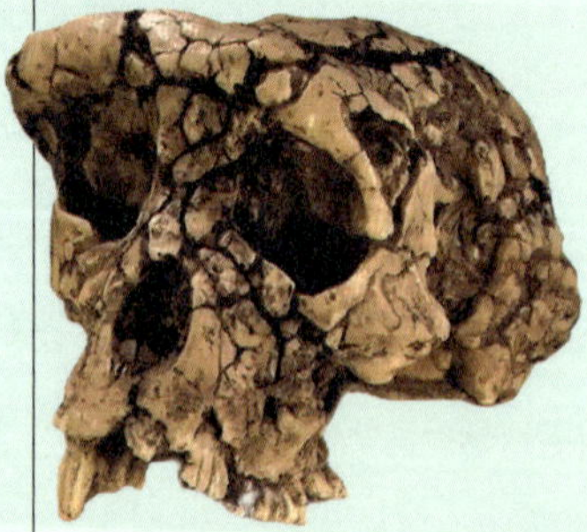

什么是人骨考古

人类的演化

目录

如何透骨识人

古人生病的证据

附录

什么是人骨考古

解开藏在骨头里的谜团，把祖先的故事讲给大家听。

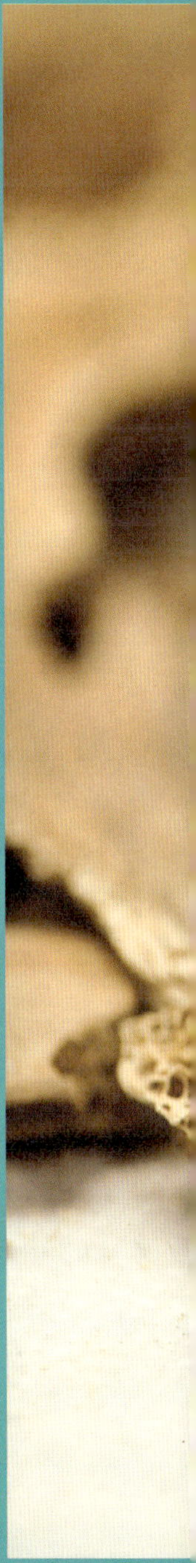

在 2000 年的炎炎夏日，中国社会科学院考古研究所与青海省文物考古研究所联合，对青海省民和回族土族自治县黄河岸边的一处史前遗址进行了深入的考古发掘。一天，当一位考古队员铲去探方内的表层土壤，准备用手铲“刮面”时，一次不经意的挥动，却在土中摩擦出了一寸白骨。凭借丰富的经验，他立刻意识到，这可能并非寻常的发现，而是一处墓葬遗存的线索。他小心翼翼地更换了工具，用竹签和刷子轻

喇家遗址发掘现场

柔地处理着附着在骨头上的土。不久，骨头的轮廓逐渐清晰——眼眶、颧骨、牙齿、下颌逐一显现，最终，一例完整的人类颅骨呈现在他面前。与此同时，不远处的另一位队员也在土中剥离出来一根纤细的长骨，紧接着，又一根相对粗些的长骨连着骨盆和椎骨在他的刷子下形态乍现。随着清理工作的深入，一例完整的人类骨骼最终呈现在考古队员面前。

在考古发掘中，发现古代人类骨骼并不罕见。长眠于墓穴中的先人们，无论是独自安息还是与他人相伴，葬姿往往遵循一定的规律，或仰身平躺或屈身侧卧，这些规律是考古学研究中的重要内容。然而，这例人骨标本的姿态却与众不同，他双肘弯曲，小臂前伸，仿佛是在匍匐前进，而下肢与骨盆的位置似乎没有被扰动的迹象。整体来看，他的姿态就像是在双手撑地半蹲，却被一股突如其来的力量从身后压下，永远定格在了这片土地上。

喇家遗址人骨发掘现场

考古队员正为这奇特的姿态感到困惑时，在这例人骨的左臂下又发现了一块圆形的骨片。随着进一步的清理，一例个头较小的颅骨显露出来，两例颅骨四目相对，仿佛在诉说着千年的秘密。随后，队员们“顺藤摸瓜”，一例体型相对偏小的骨架逐渐浮现于地面。与第一例个体相比，这例个体的骨骼更加细小，骨壁很薄。

根据前期的考古勘探，考古队员们原本认为这个探方内不太可能有墓葬遗存，应该是一处古代居住址。然而，随着这两例人骨意外地出现，一系列疑问涌上考古队员心头：

这两例人骨从何而来？

他们之间有着怎样的关系？

他们为何会以如此不同寻常的姿态出现在居址中？

喇家遗址出土人骨

随着考古发掘的深入，队员们发现，这种姿态特殊的人骨标本并非孤例。在房址中，许多姿态各异的人骨陆续被清理出来，每具骨骼都似乎在诉说着一个独特的故事。这处遗址便是距今约 4000 年的青海喇家遗址，一个黄河上游地区史前时期以齐家文化为主的大型聚落遗址。自 1981 年被发现以来，喇家遗址经历了 1999 年至 2007 年、2013 年至 2019 年两个阶段的田野考古发掘工作。考古学研究表明，喇家遗址并非寻常的聚落遗址，而是一个突发灾难现场的遗存。多年的考古发掘逐步将这个史前灾难现场原景重现，这也是国内首次通过考古发掘揭露的史前灾变现场。

在喇家遗址的发掘中，考古学家在 4 处房址里共发现了 20 余例因灾难致死、姿态各异的人类骨骼遗骸。通过对这些骨骼的研究，考古学家可以重建古代人的生活方式、饮食习惯、健康状况，甚至是他们的迁徙模式和社会互动。要让这些沉默的骨骼“开口”说话，需要借助一门专门的学科——“人骨考古学”*。

*“人骨考古学”，是对考古遗址出土人类骨骼的研究。这门学科运用形态学、解剖学、功能学、病理学、创伤学、生物学、物理学、化学、遗传学等多种分析方法，来探索一系列关于人类的考古学问题。这些问题包括但不限于：人类的起源与演化、古代人类的体质特征、生长发育、生活方式、健康状况、饮食结构、社会经济、人口结构、迁徙行为、社会冲突以及人群亲缘关系和遗传结构等。它是多学科的综合研究，包括人类骨骼形态学、古病理学、古人口学、骨化学和分子考古学等分支学科。

古代人骨保存至今的秘密

人骨考古的研究对象是古代人类的骨骼及牙齿，但在我们揭露这些古代遗骸的秘密之前，一个根本而关键的问题亟待解答：这些古老的骨骼是如何跨越历史长河，得以保存至今的呢?

知识链接

尸腐过程的秘密

当一个生物的生命画上句号，它的身体便开始了一段新的旅程——尸腐过程。这是一个自然而复杂的变化过程，涉及多种生物化学反应。

1. 自溶的开始：生物死亡的瞬间，体内的消化酶和自溶酶被释放出来。这些酶开始分解生物自身的细胞，一个由内而外的自我毁灭过程就此启动。

2. 环境的影响：这个过程不仅受到生物体自身结构的影响，还受到外界环境的左右。例如，在食腐动物的蚕食下，或者在细菌和其他微生物的分解作用下，尸体的分解速度会加快。

3. 温度的作用：研究表明，在温暖潮湿的环境中，生物遗骸可以在短短1至2周内完成白骨化。而在低温条件下，比如低于4摄氏度，分解过程会显著变慢。

4. 骨骼保存的关键因素：影响生物死后骨骼保存的因素有很多，但骨骼本身的一些内在特性起着至关重要的作用。这些特性包括骨密度、骨骼的形状和大小，以及个体的死亡年龄、性别和健康状况等。

通过了解这些知识，我们可以更深入地认识到，即使是死亡，生物体也在以一种独特的方式与自然环境相互作用，参与着生态系统的循环。

在考古发掘的现场，我们更常见的是那些已经完全白骨化的人类遗骸。这些遗骸在地下经过长时间的自然作用，逐渐失去了原有的软组织，只剩下坚硬的骨骼部分，他们以一种几乎永恒的姿态，静默地诉说着他们的故事。还有一些特殊的遗骸相对罕见，例如湖南长沙马王堆汉墓中发现的辛追夫人湿尸，新疆罗布泊地区小河墓地出土的干尸。这些遗骸因为特殊的环境条件，如干燥、密封，或特殊的土壤成分，得以保存了更多的软组织，甚至是皮肤和毛发。这些不同保存状态下的人类遗骸，为我们提供了不同的研究视角。出土的人骨可以告诉我们关于古代人类的生长发育、疾病等信息，而湿尸或干尸则可以提供关于古代人的外貌、死因等更为丰富的线索。

在实际考古发掘中，我们常常期望能在古代墓葬中找到人骨标本，但并非总是如愿。有时骨骼保存不全或保存情况极差，有时即便墓葬中骨骼的轮廓依稀可见，却无法将它们完好无损地提取出来，甚至有时还会出现墓中无骨的现象。

那么，在漫长的岁月里，人类遗骸究竟经历了怎样的变化呢？起初，骨骼中的有机质和无机质相互依存，共同维系着骨骼的结构，抵御着腐烂的侵袭。但随着时间的流逝，骨骼开始经历一系列物理和化学变化，而这些变化是什么原因引起的呢？

想要解开这些谜团，我们需要借助一门名为埋藏学的学科。埋藏学最初是研究化石形成过程的学科，但随着科学的发展，它的研究范围已经扩展到生物死亡后的整个旅程——从破坏、风化、搬运、堆积到掩埋，以及这些过程中生物遗骸所经历的各种变化。人骨考古工作者对人类遗骸进行埋藏学研究，主要关注自然环境、食腐动物和人类行为对骨头的影响。如此研究的目的是弄清楚这些遗骸在很久以前发生了什么变化，以及为什么会发生这些变化。

为了更好地了解骨骼在埋藏过程中所经历的变化，让我们跟随一位史前勇士的骨头，开始一段穿越时空的地下之旅，共同探索古代人骨如何在自然界的种种考验下证明自己的价值，最终成为历史的见证者。

故事开始于一个古老的战场。那是深秋的一天傍晚，远处山间的红叶红得格外热烈，持续了一整天的鏖战，就连天空都被战火染红，勇士们在这场激烈的战斗中用生命换来了胜利。随着战斗的结束，小骨作为牺牲勇士的肋骨，被埋葬在这片战场上。但他的故事并没有就此结束，而是开启了新的旅程。

土壤的拥抱

小骨的新家是土壤，一个既温暖又充满变数的地方。在这里，他遇到了第一个挑战——土壤的酸碱性。酸性的土壤会悄悄溶解小骨的矿物质，而碱性的土壤则为微生物提供了温床，它们会一点一点地侵蚀小骨。好在掩埋小骨的属于我国北方常见的中性或微碱性土壤，对他的威胁不大，但土壤的压力还是让他和他的同伴们喘不过气来，甚至要发生形变。小骨努力维持着自己的形态，他没有为此感到沮丧，因为他知道这是生命循环的一部分。

压变形的颅骨

昆虫的打扰

昆虫是小骨遇见的第一批访客。它们在小骨周围的软组织上推杯换盏，大快朵颐，但好在它们并没有直接伤害到小骨。这些昆虫在遗骸上的活动在法医学研究中是十分重要的判断依据，可以用来估算死亡时间、死亡季节，甚至推测遗骸是否被移动过。小骨静静地观察着它们，他没有害怕，因为他知道这是生命循环的一部分。

食腐昆虫

啮齿动物的拜访

接着，啮齿动物们通过打洞也来到了小骨的身边。它们有的利用失去了软组织的骨头磨牙，有的为了吸取营养啃咬着小骨的同伴，小骨感到了轻微的震动，他和他的几个小伙伴被小鼠们从洞中拖到了地面。小骨很镇定，他没有畏惧，因为他知道这是生命循环的一部分。

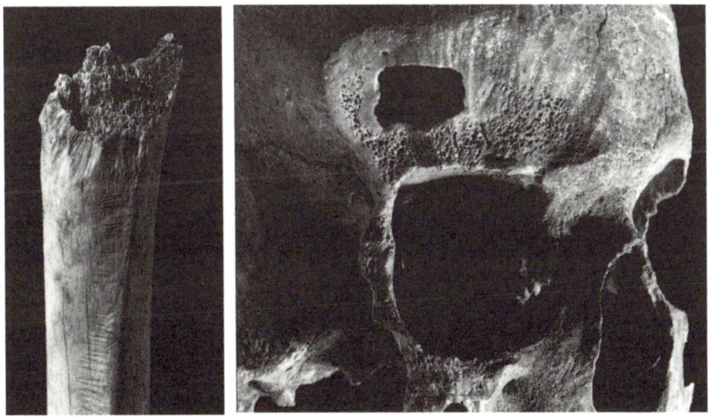

啮齿动物啃咬过的骨头的痕迹

灰松鼠

食肉动物的破坏

不知过了多久，小鼠们已经不在小骨身边发出窸窸窣窣的声音了，原来更大的威胁出现了——食肉动物。它们锋利的牙齿会对小骨构成真正的威胁。小骨目睹了它们对着还保留有肉的部位进行啃食，然后再逐渐转向其他部位啃食的场景。此时的小骨已经失去了软组织的保护，他没有反抗，因为他知道这是生命循环的一部分。

法国赛努奇博物馆藏商代青铜虎食人卣

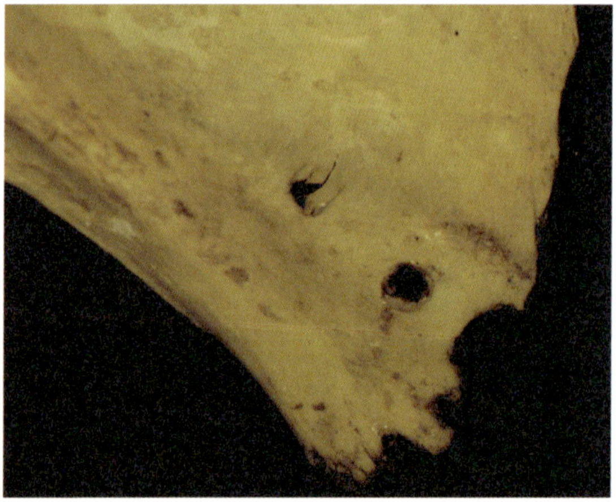

动物吃人骨的痕迹

风化的洗礼

失去软组织保护的小骨，完全暴露在了太阳底下，先是连续几天的大雪纷飞，接着是乍暖还寒，后来又是艳阳高照。小骨虽然忍受住了温度变化带来的折磨，但风化作用正悄无声息地考验着他。阳光和温度变化让他的表面逐渐褪色，变得暗淡无光。体内的水分悄悄流失，让他感到了前所未有的脆弱。主人生前的种种经历化作一道道裂痕，深深地蚀刻在了小骨的身上。但小骨并没有放弃，他坚持着，因为他知道这是生命循环的一部分。

风化后的人骨标本

植物的纠缠

一天，曾丢下小骨的小鼠又回到了他身边，将他沿着鼠洞再次拖回到了地下。此时已入盛夏，正是植物根系生长的高峰期，根须好奇地在土壤中寻找着养分。小骨感到了一丝疼痛，因为一条根须穿过了他的身体。他没有喊疼，他知道自己正在滋养新的生命，因为这是生命循环的一部分。

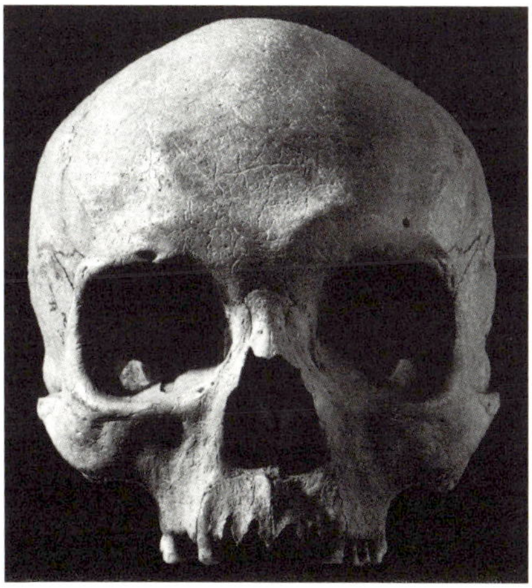

骨骼上的植物痕迹

重见天日

数千年后，小骨被考古队员用最温柔的方式挖掘出来。他们仔细地研究了小骨身上的每一个印记，用科学的手法解读他身上的秘密并将小骨和他的伙伴重新组合到了一起。小骨的故事被一点点拼凑起来，他和他主人曾经的生活、他自己所经历的环境变化也被复原出来。最终，小骨和他的伙伴们被安置在博物馆的展柜里，他感到了一种前所未有的满足，因为他知道自己不仅是一块骨头，而且是一段历史的见证者，一座助力现代人探索过去的重要桥梁。

自然环境对骨头的保存有哪些影响？在遗骸埋藏过程中，食腐动物扮演了怎样的角色？答案都在小骨的故事里：自然环境对骨头的影响主要包括风化作用、植物的破坏、土壤环境等；而食腐动物不仅会改变骨头的形状，还会导致骨头散落或者分解。

对人骨考古学研究者来说，了解自然环境的作用以及食腐动物的习性是很重要的，因为这有助于他们理解遗骸为何会以特定的状态被发现。

除自然环境、食腐动物对埋葬在地下的人类遗骸产生影响外，人类的行为也会有意或无意地对人类遗骸造成破坏或改变骨骼形态，从而影响保存情况。通过对这方面的探索，人骨考古工作者能够初步推测古人的死亡原因、葬式葬俗，这是人骨考古学研究的一项重要内容。让我们通过下面三则故事继续我们的人骨考古探险。

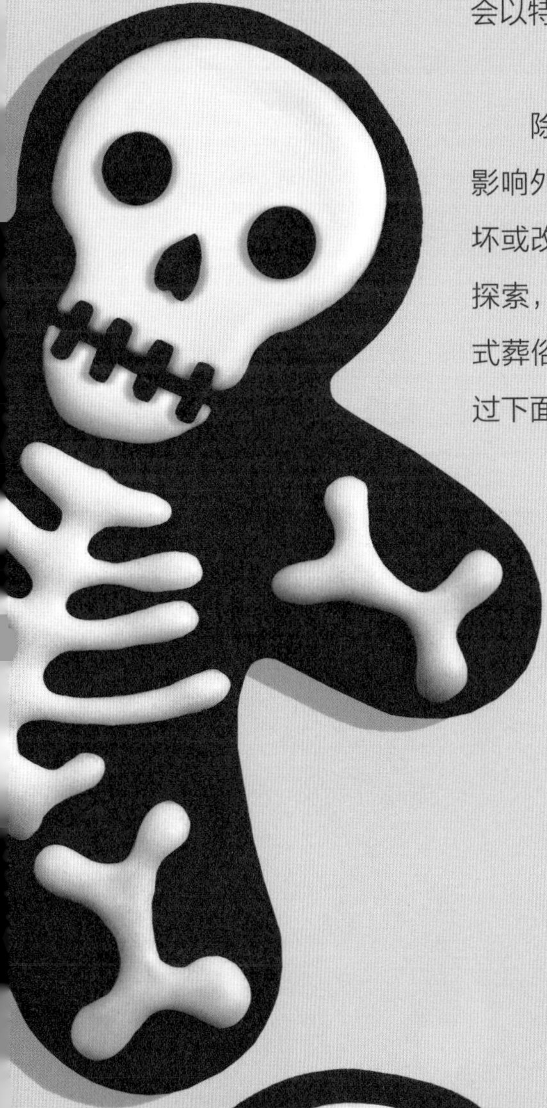

古刃留痕

4400年至4100年前的黑龙江流域是一片充满生机的土地。那里生活着两个部落，他们与大自然和谐相处，每天以捕鱼、打猎为生。为了保护自己的家园，抵御外来的威胁，两个部落都在自己的居住地周围挖了又深又宽的壕沟，这些壕沟就相当于防御工事，守护着他们的生活。

不过，这些防御工事的存在也暗示着两个部落之间并不太平。那个时候，资源有限，为了争夺食物、土地等资源，两个部落之间常常发生小规模的摩擦。但随着时间的推移，矛盾越来越深，小规模的冲突逐渐演变成了全面的战争。在一场决定命运的关键战斗中，两个部落来到广袤的原野上，展开了一场激烈的对决。战场上，喊杀声震天，双方战士都拼尽全力，战斗的残酷程度超乎了所有人的想象。最终，一个部落凭借着战士们的勇猛善战，赢得了胜利。而战败的部落则遭受了灭顶之灾，哪怕是留守在家中的妇女和儿童，也没能逃过一劫。胜利者举行了一种古老而残酷的仪式——砍头，

以此来展示他们的力量和胜利。

时光匆匆，几千年的时间就像江水一样，无声无息地流逝了。从 2004 年开始，考古工作者在黑龙江齐齐哈尔的洪河遗址进行了系统的发掘。他们发现了 43 例人骨标本，这些骨头都是女性和青少年的。考古队员看到这些遗骸时，都惊呆了，因为这些人骨的颅骨竟然全部不见了。

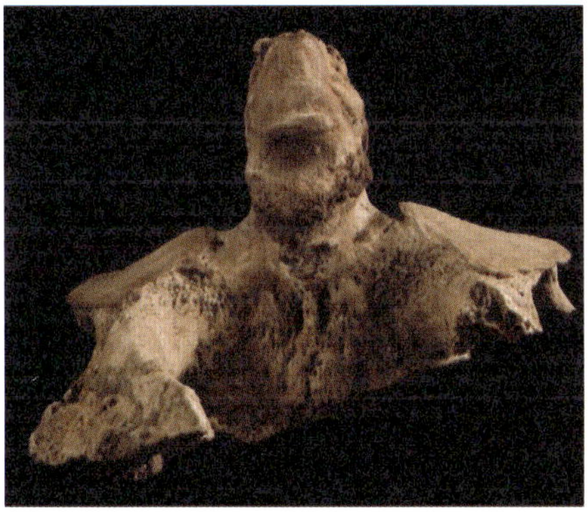

砍头在枢椎上留下的痕迹

人骨考古工作者没有放弃，他们先用肉眼仔细观察，又借助先进的医学影像技术，发现这些人的颈椎上都留着被锋利武器切割过的痕迹。综合这些信息，专家们推断，这些人是被砍头后，集中掩埋在这里的。这一发现可太重要了，它成为亚洲地区新石器时代最大规模猎头活动的证据。这 43 例被砍头的人骨遗骸，就像沉默的证人，虽然不会说话，但却默默地诉说着当年那场杀戮的残酷。

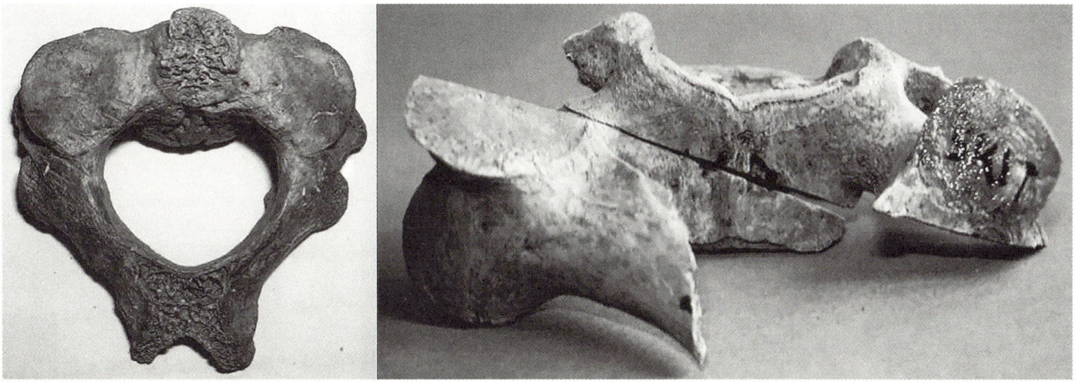

骨骼上的切割痕迹

火祭

很久以前，有一片美丽又神奇的地方，茂密的森林像一块巨大的绿色毛毯铺在大地上，河流像一条银色的丝带在大地上蜿蜒。一个史前部落在这里慢慢壮大起来。部落依山傍水，得天独厚，人们每天出去打猎、采集野果，生活毫无压力，到处都是欢声笑语。

可是，有一天，一场可怕的灾难——神秘的疾病悄然降临。一开始，有些人身上冒出一片片小红点，没多久，这些人中病情严重的身上的皮肤竟然开始溃烂。大家都不知道这病是怎么来的，可能是与接触了老鼠有关。更糟糕的是，这病传播得特别快，没几天，部落里就有好多人被感染了。

部落首领急得像热锅上的蚂蚁，不知道该怎么办才好。这时候，祭司给首领出了主意，首领听取祭司的建议，做出了一个特别艰难的决定：把所有生病的人统统火葬。在那个古老的时代，火不仅是用于烹饪和取暖的，它在宗教仪式里还有着非常重要的意义。大家都相信，火的力量能把一切不好的东西都净化掉，也包括这种可怕的疾病。

在一个黑漆漆的夜晚，月亮被云遮住了脸，只有几颗星星在天上闪着微弱的光。

19 世纪 wayana 人部落的火葬

部落的人们聚集在一起，举行了一场隆重的火葬仪式。他们把生病的人都集中在一间用树枝和木棍搭成、茅草做屋顶的房子里，然后在门口点起了大火。火势迅速蔓延，火焰在黑夜里跳跃。大祭司在一旁大声地念着祷告词，生病的人被牢牢地锁在火中。

几千年过去了，一群考古工作者来到了这片土地。他们在这里发现了一处古老的遗址，一些残留的木栏顶端烧焦炭化的那一层特别明显。考古队员们在这个被大火烧过的居住地，发现了一些奇怪的人类骨头。这些骨头有的是黑色的，有的是白色的，而且非常脆，好像轻轻一碰就会碎掉。更奇怪的是，有些骨头的姿势就像拳击手一样，弯着胳膊和腿。

人骨考古工作者们仔细地观察这些骨头，他们猜测，骨头变成黑色，是因为被高温加热炭化了，炭化的骨头会收缩变形。那些白色的骨头，是被进一步加热至煅烧。煅烧过的骨头特别脆，常常以断裂、扭曲的状态被保存下来。而像拳击手一样的姿势，是因为人体被火烧的时候，肌肉里的水分被烤干，受热收缩，才变成这样的。综合这些情况，研究者们推断，这些人骨肯定是被火烧过的。就这样，一段被埋在灰烬里，充满悲伤和痛苦的故事，慢慢被人们发现并展现在大家眼前。

山东昌乐八里庄遗址的人类烧骨

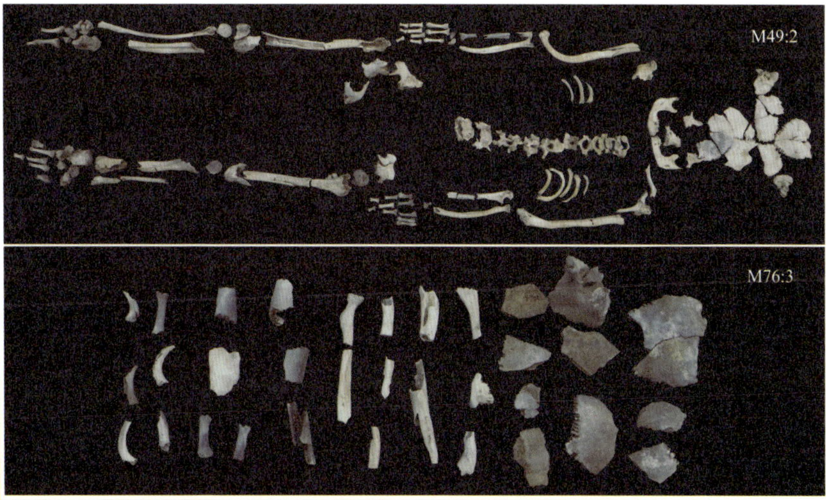

消失的墓主与凌乱的陪葬墓

在很久很久以前，有一个超级强大的古国。这个国家的统治者深信人死后去的世界和活着的时候没啥两样。所以他就下令，等自己去世以后，不光要让忠诚的仆人给他殉葬，还得让那些最忠心的将士陪葬，以确保他能在另一个世界里继续享受荣耀和侍奉。

谁知道，等他真的去世后，命运跟他开了个超级大的玩笑。因地下水位不断上升，多年后，他的棺椁遭到了严重破坏，墓里面的一切都悄悄地发生了变化。

数千年后，施工单位在进行道路维修时无意间发现了这个墓葬，考古工作者赶紧对其进行抢救性发掘。令人不解的是，墓的正中央没有墓主人的骨头，但四周二层台上殉葬者的骨头却保存得特别完整。这一发现令大家心里冒出好多疑问：墓主人的骨头跑哪儿去了？难道那时候就已经流行火葬了？

为了弄清楚这些问题，研究者们用了多学科综合分析的办法。他们猜测，墓主人下葬的时候，肯定穿着华丽，裹着一层又一层的绫罗绸缎。这些东西都是有机物，会让尸体分解得更快。后来，地下水位不规律地上升和下降，使墓主人的骨头被反复浸泡了上千年。等水排干了，土层也被破坏了，土壤里一些特殊的成分被氧化变成了酸。酸性的土壤很可能就把墓主人的遗骸给溶解掉了。可那些殉葬者的遗骸因为在二层台上，位置比地下水位高，土壤没有变酸，所以才保存了下来。

考古工作者接着发掘旁边的陪葬墓，又发现了一些奇怪的事儿。有几个陪葬者的骨头乱成一团，根本不符合人体正常的解剖位置，甚至还有一个人的锁骨插在了自己嘴里。人骨考古工作者经过仔细观察推测，这些陪葬者可能不是同一时间下葬的。最开始下葬的人的遗骸应该是整整齐齐排列着的，后来再

内蒙古通辽吐尔基山辽墓棺椁

埋葬其他人时，之前那些已经变成白骨的遗骸就被后来者弄乱了，所以看起来骨头是随便摆放的。至于那块插在嘴里的锁骨，有可能是棺椁挪动、地壳运动，或者是被什么小动物给搬运造成的移位。

中国人骨考古的百年历程

中国人骨考古学研究肇始于20世纪20年代，以古人类化石的发现为开端。1922年，研究者在内蒙古鄂尔多斯高原（今内蒙古鄂尔多斯境内）的萨拉乌苏地区晚更新世地层中发现未成年的古人类门齿，这是我国最早发现的古人类化石，拉开了我国人骨考古工作的序幕。

1929年，我国的史前考古学家、古生物学家裴文中先生在北京周口店遗址发现北京人头骨（距今70万—20万年），这是由我国学者最早发现的古人类化石，他的发现不仅为我国旧石器时代考古学搭建起了一个相对完整的时空框架，而且揭开了我国人骨考古学研究史上的全新一页。

鄂尔多斯人化石

1918年5月，来自法国的学者桑志华首次抵达内蒙古萨拉乌苏地区。不过那时，他只是来探探路，并没有进行正式的发掘。

1922年8月，桑志华再次来到萨拉乌苏，这次他在邵家沟湾展开了正式的发掘工作，出土了大量晚更新世的哺乳动物化石。让人兴奋的是，他在邵家沟湾的A点发现了旧石器，这说明在很久很久以前，这里就有人类生活啦！更让人激动的是，在J点，桑志华还发现了古人类牙齿化石。后来，加拿大学者步达生对这颗牙齿进行了鉴定并命名为“鄂尔多斯人牙齿”（The Ordos Tooth）。

我国最早开展人骨考古教学与研究的专家多为留学归国的学者，他们主要来自医学、古生物学等自然科学研究领域。这些前辈将人体测量学、人种学、生物统计学等研究方法运用到古人类化石和颅骨形态研究当中，为我国人骨考古事业奠定了坚实的

北京人头盖骨化石

1929 年 12 月的一个傍晚，北京周口店洞穴遗址内一片漆黑。然而，有一群特殊的人还在那里忙碌着，他们就是我国的考古学家。洞穴里点着蜡烛，昏黄的光在黑暗中摇曳。随着太阳落山，周围安静得可怕，只有考古学家们手中锤镐敲击的有节奏声响，打破了夜晚的宁静。

就在这时，负责此项发掘的年轻考古学家裴文中突然大声叫了起来："这是什么？是人头！"他激动地指着一块刚刚被清理出来的化石喊道。他的声音在洞穴里不断回荡，所有人都停下了手中的工作，齐刷刷地看向他所指的方向。裴文中丝毫没有顾及危险，抓起一根绳子，吊着自己下到了洞穴深处。他仔细地查看着这块化石，反复进行比对，最终确认这绝不是普通的石头，而是一块古人类的头骨化石！

整个晚上，裴文中和考古团队都没有休息，连夜清理了这块化石。他们心里清楚，这极有可能是一项震惊世界的重大发现。当基本确定这块化石属于古人类后，裴文中立刻向时任中央地质调查所所长的翁文灏先生发出了电报。电报内容简短却有力，每一个字都满含着谨慎与激动："顷得一头骨，极完整，颇似人。"这简单的几个字，却如同一颗重磅炸弹，承载着足以改变人们对古代人类历史认知的巨大秘密。

（改编自贾兰坡等撰写的《周口店发掘记》）

基础。经过近百年的学科发展，如今的人骨考古已经培养出大量专业型人才。这些人才来自全国各地的大学和考古研究机构，他们专业知识丰富、技能成熟，专注于研究古代人类遗骸，为我们揭开那些藏在骨头里的故事。

如今的人骨考古学已发展成集合自然、人文、社会科学的交叉学科，形成了多学科分支并存的局面，主要包括古人类学、人种学、古病理学、古人口学、分子考古学、骨化学等多项研究领域。接下来，我将一一向你介绍这些分支学科的主要工作内容。

让古人类化石说话的学科——古人类学

前面我们了解了萨拉乌苏和北京周口店洞穴遗址的考古发现，这些发现都和一个充满神秘色彩的学科紧密相关，那就是古人类学。

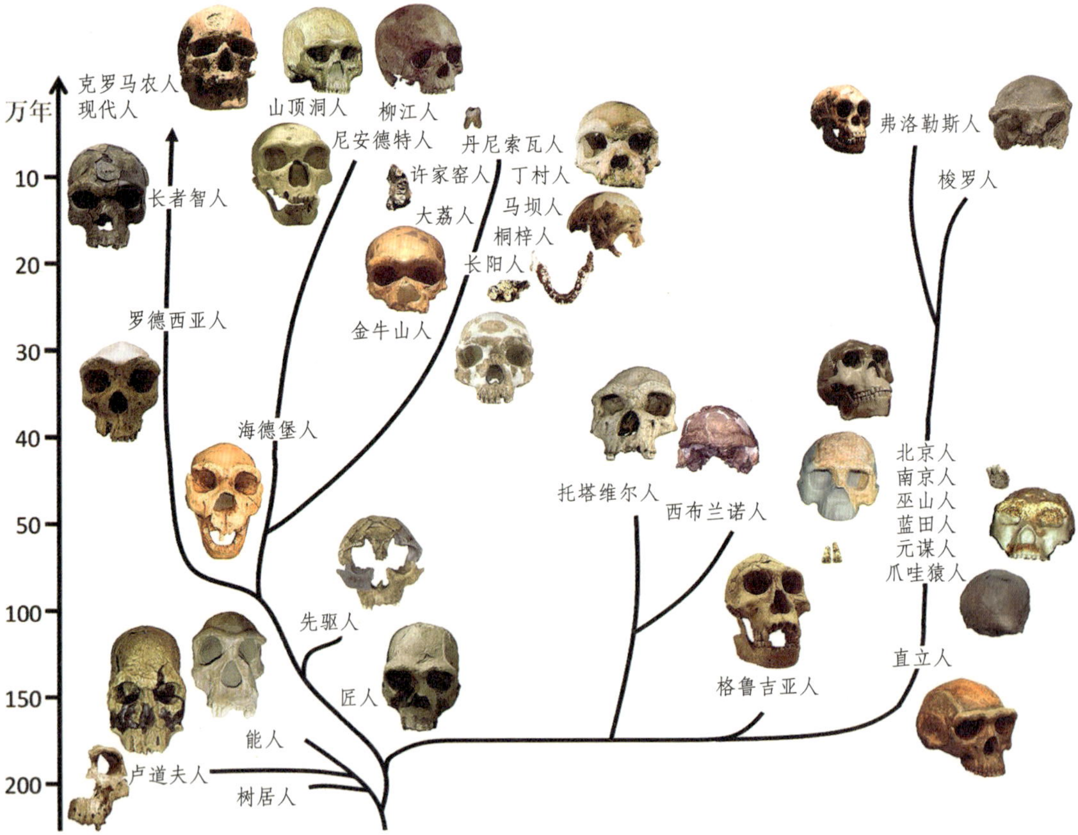

古人类图

古人类学专门探寻、发掘和研究古老的人类化石，像我们之前提到的鄂尔多斯人、北京人，都是古人类学研究的重要对象。新中国成立后，越来越多的古人类化石被发现，我们对我国古人类谱系的认识也从简单变得复杂起来。

在20世纪50年代到60年代，中国科学院的吴汝康先生提出了“人类体质发展的不平衡性”和“从猿到人存在发展的过渡时期”的学说，这在当时的古人类学领域可是一次重大的思想革新，他让我们知道，人类的演化不是一条简单的直线，而是充满了各种变数。

1984年，吴汝康先生的学生，同样就职于中国科学院的吴新智先生，与美国学者沃尔波夫、澳大利亚学者桑恩共同提出现代人起源的“多地区进化”假说。1998年，吴新智先生又正式提出了中国古人类进化的八字假说：“连续进化　附带杂交”。这一学说充分强调了现代人类起源的多样性和复杂性。

中国科学院古脊椎动物与古人类研究所

我国古人类学研究重镇。前身是成立于1929年的农商部地质调查所新生代研究室，是我国最早成立的古人类研究机构。

探索人类演化奥秘的勇者——吴新智

如果我们能穿越回远古时期，会看到什么样的祖先呢？要想回答好这个问题，不得不介绍一位了不起的科学家——中国科学院吴新智院士。

1928年，吴新智出生于安徽合肥。20世纪40年代到50年代，吴新智在武汉大学法律系、同济大学新生院与上海医学院求学，在知识的殿堂里，他不断汲取养分，为日后的研究打下了坚实的基础。1957年，命运的齿轮开始转动，吴新智成功考取了中国科学院古脊椎动物与古人类研究所的研究生，师从著名的吴汝康教授。从此，他踏上了探索人类起源和演化的奇妙旅程。

1976年的一场重要的研讨会上，吴新智与学者张银运在这里分享了他们的重大发现。两位学者在研究中国古人类颅骨形态时，发现中国的古人类有着独特的颅面形态，比如面型扁平、鼻梁不高、眼眶长而方。这些特征暗示着我国古人类是一代接一代连续发展下来的。这个发现就像一颗投入平静湖面的石子，在古人类学领域激起了层层涟漪。

1981年，吴新智遇到了来自美国的科学家沃尔波夫。这场奇妙的相遇让两个来自不同国度、有着不同文化背景的科学家，因为对古人类的研究而走到了一起。吴新智兴奋地向沃尔波夫展示了中国古人类连续进化的证据。1983年，吴新智获得了美国科学基金会的资助，踏上了异国的土地进行合作研究，去追寻更多关于人类演化的秘密。在美国，他与沃尔波夫以及澳大利亚学者桑恩一起，探讨古人类在不同地方的演化过程。经过一年的努力，他们提出了一个全新的观点——“多地区进化”。这个观点让人们对现代人类的起源有了新的思考：原来，现代人类可能是在世界各地不同的地方，各自慢慢演化而来的。

1988年，吴新智又有了新的发现。他仔细比较中国和欧洲的古人类化石，发现有些中国的古人类化石和欧洲的尼安德特人的某些特征相似。这一发现让他大胆推测，不同地方的古人类之间可能有过基因交流。这一推测就像是一个新发现的拼图碎片，让人类演化的拼图更加完整。经过近十年的论证，1998年，吴新智正式提出了“连续进化 附带杂交”的古人类进化假说。这个假说就像一枚重磅炸弹，挑战了当时学界普遍相信的理论——所有的现代人类都是从非洲走出来的。他用自己的研究成果向世界证明，中国的古人类主要是“自己连续发展，但也和其他地方的古人类有过一些基因交流”。

吴新智院士的一生，都在为古人类学的发展而努力。他的研究让我们知道，人类的演化发展远比我们想象的复杂得多，每个地方的人类都有着自己独特的故事。

目前我国境内发现的最早的古人类化石——陕西蓝田公王岭发现的距今 163 万—115 万年的直立人头骨化石。

蓝田人头骨化石

许昌人头骨化石

河南许昌灵井遗址发现的距今 10 多万年的古人类头骨化石呈现出了早期现代人、东亚中更新世直立人以及欧洲尼安德特人的混合特征。可能代表着东亚地区早期现代人的直接祖先，同时可能与欧洲古人类尼安德特人之间存在基因交流。

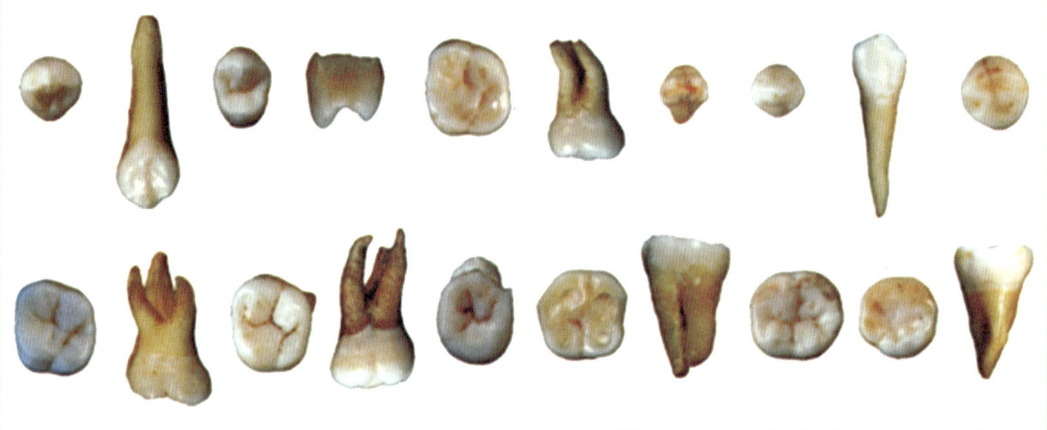

道县人牙齿化石

湖南道县发现的距今 12 万—8 万年的古人类化石，提供了迄今最早的现代类型人类在华南地区出现的化石证据，同时期华北地区却仅发现古老型人类化石，比欧洲和西亚的现代类型人类化石要早至少 3.5 万—7.5 万年。这一发现表明不同地区古人类演化速率并不一致。

郧县人三号头骨

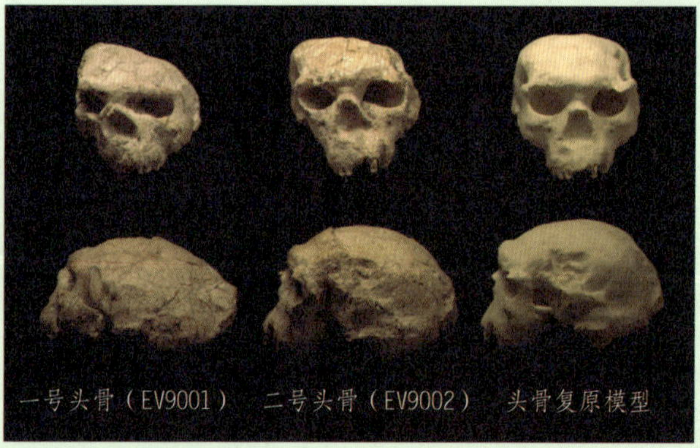

郧县人一、二号头骨

1989 年、1990 年、2022 年在湖北十堰学堂梁子遗址先后发现了 3 例距今约 100 万年的古人类头骨化石，其中三号头骨化石被认为是目前在中国大陆发现的显示直立人进化为“较为进步的人种”的最完整标本。

随着时间的车轮继续滚动，自 20 世纪末以来，我国境内已经发现了 70 余处更新世时期人类化石地点。依据这些丰富且重要的发现，中国科学院古脊椎动物与古人类研究所刘武、吴秀杰两位研究员及他们的研究团队，通过对比中国和非洲、欧洲的直立人、智人化石（主要是牙齿和颅骨），进一步提出了中国古人类演化的镶嵌性特征。

近十年来，我国境内新发现的古老型智人向早期现代人过渡的化石证据，对于探讨现代人在欧亚地区的出现和扩散过程有着非常重要的意义，也更加有力地强化了对本土人群连续演化的论述。这些古人类学的研究成果，就像一把把钥匙，不断帮我们打开了解人类古老历史的大门。

寻找古代人类异同的学科——人种学

在我们生活的这个地球上，人类有着各种各样的肤色和外貌，为什么我们彼此之间既相同又不同呢？有这样一门神奇的学科，致力于解开这些谜团，它就是人种学。

人种学研究者努力探索不同人种的起源，弄清楚我们的体质特征是怎么慢慢变化的，追溯不同人种之间的亲缘关系。他们仔细研究人种的体质特征，以及这些特征是如何受到自然环境和生活条件影响的，努力解释为什么人类会呈现出多样性，不同的人群又是如何适应自己生活地区的特殊环境的。

在我国，对田野考古出土的古代先民骨骼遗骸进行人种学研究，几乎和现代考古学一起诞生。人种学研究到现在经历了三个阶段。

第一个阶段是 1921—1949 年，中国人种学研究就像一颗刚刚发芽的小种子。因为当时考古发掘的项目不多，所以人种学的研究工作主要集中在河南新郑和安阳殷墟出土的人骨上。曾主持安阳殷墟发掘的我国著名考古学家李济先生和梁思永先生因在国外求学的时候都接受过体质人类学的训练，为这一阶段我国学者从事人种学研究做出了积极的推动，给后来的学者们打开了探索人种学的大门。在他们的共同努力下，抗日战争爆发以前，历次殷墟发掘采集到的殷代头骨标本，累计近千例被提取和保存下来。后来，这批珍贵的资料交给了中央研究院历史语言研究所的吴定良先生，由他负责整理和研究。

中国考古学之父——李济

李济（1896—1979），字济之，湖北钟祥人，人类学家、中国现代考古学家。1918 年毕业于清华学校（今清华大学），1923 年获美国哈佛大学哲学博士学位。在哈佛大学学习期间，李济先生跟着著名人类学家狄克逊教授和体质人类学年轻讲师胡顿学习人类学。

第二个阶段是 1949—1979 年，中国的人种学研究就像一个刚刚学会走路的小朋友，开始自己探索前进的道路。那时候，因为受到苏联学科体系的影响，我国学者想通过人种学研究解决民族问题。这一时期的大部分研究都集中在新石器时代的人骨资料上，以单一墓地出土的人骨为研究对象，通过观察、测量颅骨，来分析种系特征。在这个阶段，对人种研究贡献特别大的是中国科学院考古研究所（1977 年后改属中国社会科学院）的颜訚先生。颜訚先生去世后，中国社会科学院考古研究所的潘其风、韩康信两位先生接过了他手中测量的“尺子”，继续努力研究，使人种学取得了让学术界都特别佩服的好成绩。

第三个阶段是从 1980 年到现在，中国的人种学研究飞速发展。这一阶段，颅骨形态学研究的范围越来越大，时间上涵盖了全新世不同的历史阶段，地域范围也进一步扩大。研究方法主要是推算不同人群之间的生物距离，还会借助古 DNA 分析、非测量性状观察、测量性状统计等手段获取相关数据来完成研究。这里要特别提一下吉林大学的朱泓教授，他提出了中国先秦时期古代人种类型分布状况的理论框架，还按照不同的颅面形态特征，对新石器时代的居民进行古人种类型的划分。这种研究方法就像是给我们画了一张先秦时期人骨颅面形态的地图，让我们能更好地了解先人的体质特征，这个成果受到了国内外学术界的广泛关注。

进入 21 世纪以后，科学技术不断进步，特别是古 DNA 分析技术在研究古代人群亲缘关系、确定种系成分方面被广泛应用，我国的人种学研究更是如虎添翼，发展得越来越好！

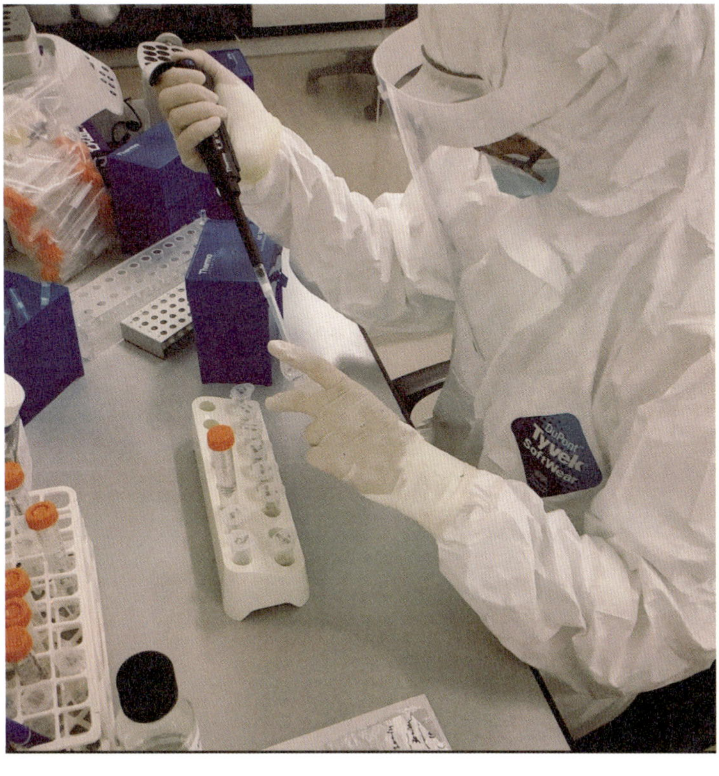

朱泓与吉林大学体质人类学：穿越时空的探索

如果把时间的指针像拨闹钟一样，以千年为单位往回拨，那时候的祖先们到底长啥样呢？他们和现在的我们模样一样吗？远古时期古人类的颅面形态，我们还在继承吗？不同地方的祖先，长相会不会有差别呢？

为了弄清楚这些有趣又神秘的问题，我国一代代人骨考古学工作者青灯黄卷、风餐露宿，从西北的大沙漠到东部的海岛，不辞辛劳地收集了成百上千的古代人骨标本，开展人种学研究。在这群了不起的研究者里，有一位特别突出的人物，他就是吉林大学的朱泓教授，他既是我国人骨考古学研究的先驱者，也是中国科技考古的引领者之一，为我国古代人群的人种学研究立下了汗马功劳。

朱泓 1951 年出生于天津，1982 年本科毕业后就留在了吉林大学当老师。第二年，系里派他去参加全国考古专业体质人类学培训班，当时上课的是特别有名的人类学家——来自复旦大学的邵象清教授。这是朱泓第一次接受系统的体质人类学培训。进修结束没多久，朱泓又被派到中国社会科学院考古研究所，跟着潘其风研究员继续学习体质人类学。那段时间，他作为潘先生的科研助手，参与了很多项目，学到了超多实用的知识和技能。

1985 年，朱泓在中国社会科学院考古研究所完成两年的学习后，已经完全有能力独立开展体质人类学的科学研究。一回到母校，他在学校的支持下，买了一套测量仪器，建立了吉林大学体质人类学实验室，开启了体质人类学的学科建设之路。那时候，研究用的标本特别少，朱泓就直接跑到发掘现场，对人骨标本进行鉴定，然后小心翼翼地打包运回学校。

1986 年，朱泓开始给本科生系统讲授体质人类学这门课程。他用的讲义都是自己编写的，一讲就是 30 多年。

1998 年，在朱泓的积极倡议和领导下，通过和吉林大学生命科学学院合作的方式，我国考古学界第一个专门从事古DNA研究的专业实验室——吉林大学考古DNA实验室建立了！2002 年，他又带领自己的研究团队，率先开展计算机模拟三维容貌复原技术的研究，成功地对北京老山汉墓、内蒙古吐尔基山辽墓等出土的古人类颅骨，还有新疆地区出土的干尸进行了三维容貌复原。同时，朱泓还为我国培养了一支高素质、充满活力的年轻化研究队伍。

如今的体质人类学已经成了吉林大学考古系的特色课程。古代人骨标本也从刚开始的 500 例，增加到了现在的近 20000 例，这里的标本库成了目前我国乃至东亚地区最大的古人骨标本库。这里的体质人类学实验室不管是仪器设备，还是实验条件，都达到了国际先进水平。

给古人“看病”的学科——古病理学

当我们去医院看病时，医生会通过各种检查方法，帮我们找出身体的问题。有一门学科，像是在给古人“看病”，这就是古病理学。

古病理学的研究者们，把现代病理学研究的理论和方法，用到古代人类的遗骸或者其他能反映病理学信息的载体上。他们就像医生，通过研究古代人的骨头、牙齿等，来诊断古人都得过什么病。目前，学术界的古病理学研究，主要集中在考古发掘出土的古代人类骨骼创伤、口腔疾病、传染性疾病等病理现象的诊断上。这些研究，不仅帮助我们了解古代人类健康状况，结合古代的自然环境、骨化学分析结果和相关考古学背景，还能知道古代先民是怎么生活的。比如说，他们是靠种庄稼、打猎捕鱼、采集野果，还是靠放牧，又或者是一半时间种庄稼一半时间放牧来维持生活。

和国外比起来，我国的古病理学研究开始得比较晚。它主要经历了两个发展阶段。从 20 世纪 50 年代到 90 年代，是学科成型期。1959 年，北京医学院的毛燮均先生和颜訚先生一起发表了《安阳辉县殷代人牙的研究报告》，这就像是把我国古病理学研究的大门推开了一道缝，透进了第一道光。在这个阶段，做研究的大多是有医学背景的专业人员，他们凭着自己对古病理学的兴趣，研究单一遗址里古人的个别疾病，然后把这些疾病的特征描述出来，积累了大量古病理学的基础数据。

从 20 世纪 90 年代到现在，古病理学研究在我国迎来了新的阶段。这时候，研究者们开始接受国外的一些新想法，像“均变论”和“骨学悖论”等。这些理论帮助他们更深入地理解古人为什么会生病，这些疾病又和古人的生活环境、社会环境和经济状况有什么关系。而且，研究者群体也发生了变化，以前是以个人兴趣为主，做研究的大多是医学专业人员，现在则是以考古研究为导向，做研究的主要是考古研究者。研究的内容也变得更丰富了，以前可能只是看看古人得了什么病，现在还会研究古人个人的健康历史，甚至去探索古代流行过哪些传染病。

曹操的头风之谜

在三国那个英雄辈出的时代，曹操可是一位响当当的人物，他是杰出的军事家、政治家，在历史长河中留下了浓墨重彩的一笔。不过，你们知道吗？英雄也有被病痛折磨的时候。据《三国志》《后汉书》这些史料的记载，曹操晚年被头风病缠上了。这病一发作，曹操就头疼得厉害，连日常的生活都大受影响。

在我国第一部长篇章回体历史演义小说《三国演义》里，讲了一个和曹操头风病有关的故事：曹操长期受头风病的折磨，神医华佗给的治疗方案竟是砍开脑袋，取出病根。多疑的曹操立刻下令拷问华佗，华佗最终死于狱中。这个故事的真实性一直受到历史学家的质疑，但曹操患有头风病应该是史实。

随着现代考古学不断发展，2006 年，河南安阳发现了曹操高陵。考古队员们对曹操高陵展开了认真的发掘工作，找到了曹操的遗骨。接着，古病理学的研究人员就上场啦，他们对曹操仅存的几颗牙齿进行了仔细地观察和研究，发现牙齿上有很明显的龋病，严重到牙髓腔都露出来了。这种程度的龋病要是不及时治疗，即使在现今，发病的时候也会疼得让人受不了。

研究人员推测，这种龋病引发的三叉神经痛可能就是曹操所患的头风病。现代医学研究表明，三叉神经有三个分支：眼神经、上颌神经和下颌神经。如果患有严重的齿科疾病，引发牙髓炎，就有可能造成三叉神经痛。而三叉神经痛是出了名的难治，它有特定的触发点，一旦发作，就会一阵一阵地持续疼痛。这种病一般在 40 岁以后的中老年人群里比较常见。曹操是公元 220 年去世的，活了 66 岁。《三国志》里记载，曹操在公元 208 年，也就是他 54 岁的时候已经患上头风病了，正好处于三叉神经痛容易发病的年龄段。这么看来，研究人员推测龋病引发的三叉神经痛是导致曹操患头风病的关键因素，还真挺有道理。

这个故事不仅让我们对曹操的晚年生活有了更深的了解，也展示了人骨考古学如何帮助我们揭开历史的神秘面纱，让我们对过去的疾病有了更加直观的认识。

曹操患有龋病的牙齿

安阳曹操高陵

穿越时空的人口普查——古人口学

怎样才能知道古代中国到底有多少人？他们的年龄、性别是怎么分布的？有一门学科，能帮我们解答这些问题，它就是古人口学。

古人口学的研究者们的主要分析对象是考古发掘出土的古代人骨标本，综合运用统计学、历史学、考古学、体质人类学等多学科的方法和手段，从这些骨头里“推算”出古代人口数量、结构和分布的重要信息。这就好比我们现在的人口普查，能让我们知道一个地区的人口密度、男女比例、年龄分布等情况。通过这些信息，我们还能了解古代人的健康状况和人口发展变化规律等，对于研究古代社会史、经济史、文化史都特别有帮助。

这门学科的基础工作，就像是给出土的人骨标本做“身份验证”。研究者们要通过骨头来分辨这个人是男是女，去世时大概的年龄。这个工作不仅能帮我们验证墓葬中埋葬者的身份以及相关史料记载的真实性，还能帮我们弄清楚随葬品代表着什么社会意义。

早在李济先生发掘殷墟的时候就对出土的人骨进行了鉴定。不过，真正把鉴定结

果用在研究社会组织上的是 1980 年在吉林大学任教的张忠培先生。他研究了华县元君庙仰韶墓地，从那些人骨里发现了很多关于当时社会组织的秘密。到了 20 世纪 90 年代，北京大学的陈铁梅教授也加入了这场时空探索。他对中国新石器时代墓葬里成年人的性别比例异常问题，还有我国古气候和史前人口的相互关系问题进行了深入探讨。

陈铁梅教授：探寻考古中性别差异的奥秘

1935 年，陈铁梅在上海出生，后来成为北京大学考古文博院的教授，中国科技考古学领域里一位杰出的人物。

陈铁梅做了很多特别有趣又重要的研究。他的研究论文《中国新石器墓葬成年人骨性比异常的问题》，通过深入分析新石器时代遗址里的人类骨骼样本，揭示了一个引人深思的现象：在那个古老的时代，有些遗址里成年人的男女性别比例严重不平衡。为什么会这样呢？陈教授觉得，这很可能和当时的社会结构有关，也许那时候人们有特殊的人口控制办法，又或者是他们的埋葬习俗很特别。不管怎样，这个发现为我们了解古代社会的性别角色和社会组织提供了特别珍贵的线索。

此外，陈铁梅还和北京大学的陈建立一起合作，系统统计、量化分析了中国北方地区从仰韶文化早期到大汶口文化晚期的墓地中随葬品与墓主人性别之间的关系，共同探讨了那个时候社会劳动中性别分工的情况和演化过程。

陈铁梅的研究可不止这些。他是一位细心的学者，仔细考察并研究分析了骨骼样本从生者到变成遗骨的过程中可能受到的各种外界影响。他把考古挖出来的人骨研究视为统计学里的抽样过程，告诉我们，在给人骨鉴定性别的报告里，实际的性别比例可能会有偏差，而且这种偏差不是偶然的，是系统存在的。这些偏差的来源有可能是从生者到死者这个过程中就有筛选，也可能是有外力破坏了骨骼样本，还有可能是研究者在挖掘和保存人骨样本时有一些随机的选择倾向。

陈铁梅的这些研究，让我们对新石器时代的人类社会有了更丰富的认识，同时也让考古学研究变得更加科学、准确。他的研究让我们看到，把考古学和统计学、人类学等多学科结合起来，交叉合作的巨大潜力和重要性。陈铁梅树立了一个典范，用实际行动告诉大家怎么更客观、更准确地处理考古出土的人类骨骼样本。

古人口学研究是从古代人骨标本里获取信息的，并不是把现代人口统计学的方法直接用在古代人骨标本上。这就好比不能把小学数学的简单公式，直接套用到中学数学题里一样。比如说，在一个遗址里，如果未成年个体的人骨标本没有被采集到，或者老年人去世时的年龄没能准确鉴别出来，就会让我们没办法准确评估这个人群的死亡概率等重要的人口学参数。而因这些参数不准确产生的误差会影响到后面一系列相关问题的讨论。所以，我们对古代居民做的古人口学研究，只能算是一种“理想”状态下的分析。

我们国家的学者在古人口学研究方面，和国外学术界还存在差距，在统计学方法、古人口模型构建和理论探讨这些方面，都还有很大的进步空间。不过，近十年来，情况有了很大的变化。国内越来越多的学者开始意识到古人口学研究的复杂性和局限性。随着“骨学悖论”“贝叶斯理论”以及“TA (transition analysis) 年龄推算法”等新的理论和方法被引进，我国的古人口学研究有了新起色。举一个例子：山西大学的侯侃做了一项研究，他发现用 TA 年龄推算法和传统形态观察法，对同一批先秦时期的人骨材料进行年龄估算，结果存在显著差异。这种差异和个体的保存情况有关系，保存情况越差，用这两种方法估算出来的年龄差异就越大。古人口学研究就是这样，充满了挑战和未知。但也正是因为这些挑战，才让这个领域变得更加有趣和吸引人。

解密古人遗传信息的学科——分子考古学

分子考古学，一个超级神奇又前沿的领域，在这个领域里，研究者们就像拥有超能力的微观世界探索者，使用先进的分子生物学技术，对古代人类遗骸中的 DNA 进行提取、扩增和测序，从分子遗传学的角度，去探讨人类起源、迁徙以及融合等一系列考古学问题。

我们国家的古 DNA 研究起步于 1981 年。那一年湖南医学院的王贵海和陆传宗等专家对湖南长沙马王堆汉墓出土的一具古尸进行了核酸的分离与鉴定，并发表了研究报告。这可是世界上最早的古 DNA 研究实践！但遗憾的是，那时候他们没有对核酸序列进行测序。

1998 年，我国考古学界第一个专门从事古 DNA 研究的专业实验室——吉林大学考古DNA实验室建立。随后，中国科学院古脊椎动物与古人类研究所、中国社会科学院、北京大学、复旦大学、山东大学等科研院所，也纷纷开展了古代人类分子考古学研究。在过去的十几年里，研究者们主要研究的是欧亚西部的人群。如果把古 DNA 研究比作拼一幅巨大的拼图，那么一直以来这幅拼图都不够完整，因为缺少了欧亚东部人群研究这块重要碎片。直到 2017 年，中国科学院古脊椎动物与古人类研究所的研究团队成功破译了中国北京田园洞人基因组，“拼图”终于找到了关键碎片，同时我们也能够在更大的时空框架下去讲述欧亚大陆东部人群的演化故事。

从古人遗骸中揭秘病菌历史的分子法医学家崔银秋

1972年，崔银秋出生于辽宁抚顺，现任吉林大学生命科学学院的教授。她是一位古基因组学和分子法医学方面的专家。这两个名词听起来有点复杂难懂，简单来说，她就像是一位能穿越时空的法医，利用基因组测序技术，去挖掘从考古遗址出土的古人身上隐藏的秘密。

2021年，崔银秋教授和她的团队公布了一项研究成果：他们使用高通量测序技术，从中国新疆泉儿沟古墓出土的人骨里，找到了一种在3000年前让古人类生病的肠道沙门氏菌。这个发现不仅揭示了这种病原体的传播和进化历程，还为我们理解病原菌的起源、演化以及遗传多样性提供了特别宝贵的信息。更有意思的是，他们还发现这种古老沙门氏菌，竟然是很多现代沙门氏菌的“老祖宗”。这就好比我们找到了一群细菌的祖先，让我们能更好地了解这群细菌的过去，知道它们是怎么一步步变成现在这个样子的。

崔银秋教授和她的团队还结合泉儿沟墓地的考古背景，以及欧洲古代沙门氏菌的基因组数据，提出了一个特别值得我们思考的假设：在3000年前，泉儿沟墓地的孩子们很可能就是因为感染了这种细菌而生病去世的。这种细菌可能是通过史前丝绸之路的古老贸易路线传播开来的。

这项研究不仅首次成功重建了3000年前东亚古人类的肠道沙门氏菌基因组，开启了东亚古代病原体研究的先河，还让我们对古代病原体有了更丰富的认识，为现代流行病学和公共卫生领域提供了非常重要的历史背景和科学依据。

崔银秋教授和她的团队能取得这样的成就，让我们看到了跨学科合作的强大力量。古基因组学、分子法医学和考古学等多个学科结合在一起，就像一群超级英雄联手，解开了人类历史中的一个又一个谜题。同时，也让我们知道了古DNA研究在探索人类历史方面有着多么独特的价值。

构建东亚十万年来人群遗传演化图谱的付巧妹

1983年，付巧妹出生在美丽的江西九江，如今是中国科学院古脊椎动物与古人类研究所的一员。付巧妹的学术经历十分耀眼：她在德国马克斯·普朗克演化人类学研究所获得博士学位，导师是首位在古DNA研究领域获得诺贝尔奖的著名人类学家斯万特·帕博。有这样厉害的导师引领，付巧妹在科研道路上不断探索，取得了许多令人惊叹的成就。

她运用古蛋白组学方法，在甘肃夏河白石崖溶洞遗址，获得了东亚首例丹尼索瓦人DNA，并利用古蛋白和古DNA分析方法证实哈尔滨古人类是丹尼索瓦人。不仅如此，她还成功破译了欧亚大陆最古老的现代人基因组，解码了东亚最早的现代人基因组。她的研究帮助我们打开了了解远古时期东亚人类演化的大门。她还发现了新的早期现代人支系及其动态变化，包括对当今现代人遗传贡献极少甚至没有的古老群体及与古南岛语族相关的祖源群体。

2024年，著名科学杂志《细胞》创刊50周年，付巧妹受邀针对现代人的演化之路撰写评论性文章。在文章中，她提出了一个极具革命性的观点：通过比较现代人类和已经灭绝的古人类的基因组，我们能够更清晰地了解我们的起源，以及我们是如何演变成如今的模样的。付巧妹和她的团队经过深入研究，发现了早期现代人和已经灭绝的古人类之间的几个显著不同点：首先，早期现代人的群体数量比尼安德特人等古人类群体多得多。这意味着现代人能够在很长时间和很多地方保持多样的遗传特征，从而更好地适应环境的变化，就像拥有了更多应对环境挑战的“武器”。其次，虽然早期现代人和尼安德特人都会与其他群体联姻，但现代人的遗传多样性更高，这表明现代人的祖先之间亲缘关系较远。而尼安德特人和丹尼索瓦人的基因组显示，他们的祖先中存在近亲结婚的情况。最后，现代人的迁徙和扩张速度非常快，他们不仅走出了非洲，还扩散到了撒哈拉沙漠、美洲、大洋洲等众多地方，足迹遍布世界各个角落。

这些重要发现向我们揭示，早期现代人在遗传多样性、社会结构和地理分布上的优势，或许正是他们在自然选择中得以生存下来的关键因素。付巧妹的这些研究，不仅让我们对人类的过去有了更深刻的理解，也为我们探索未来的发展方向提供了重要的线索。

探秘骨头里的化学密码——骨化学分析

从考古遗址里挖出来的人和动物的骨头，藏着很多关于古代的秘密。有这么一群人，他们运用骨化学分析方法，对这些出土的骨骼进行稳定同位素研究，他们就是骨化学研究者。

骨化学研究者对样本进行精确的碳十四（^{14}C）测年，就像是给遗址找到了一个准确的时间标签，帮助我们确定这个遗址到底存在于什么年代。除了确定年代，他们还能揭示不同个体的食谱状况。简单来说，就是能知道古代的人主要吃什么。他们是以吃肉为主，还是以吃农作物为主？是吃小麦、水稻这些三碳植物，还是吃粟和黍这些四碳植物？通过对骨头里的碳十三（^{13}C）和氮十五 (^{15}N) 稳定同位素进行骨化学分析研究，这些问题都能一一弄清楚。不仅如此，骨化学研究还能告诉我们古人是怎么饲养家畜的。通过进一步分析，我们还能探索古代社会的生业模式，也就是他们是怎么获取食物和资源的，是靠打猎、采集，还是靠种地、放牧呢？

这种神奇的稳定同位素分析方法起源于 20 世纪 60—70 年代，基本原理就是哺乳动物骨骼里碳、氮稳定同位素组成和它们生前吃的食物密切相关。就像我们吃什么，身体就会留下什么痕迹一样。1984 年，中国社会科学院考古研究所的蔡莲珍与仇士华把稳定同位素分析方法引入了国内。他们在我国权威期刊《考古》上发表了该领域国内的首篇论文——《碳十三测定和古代食谱研究》。在这篇论文里，他们对从仰韶

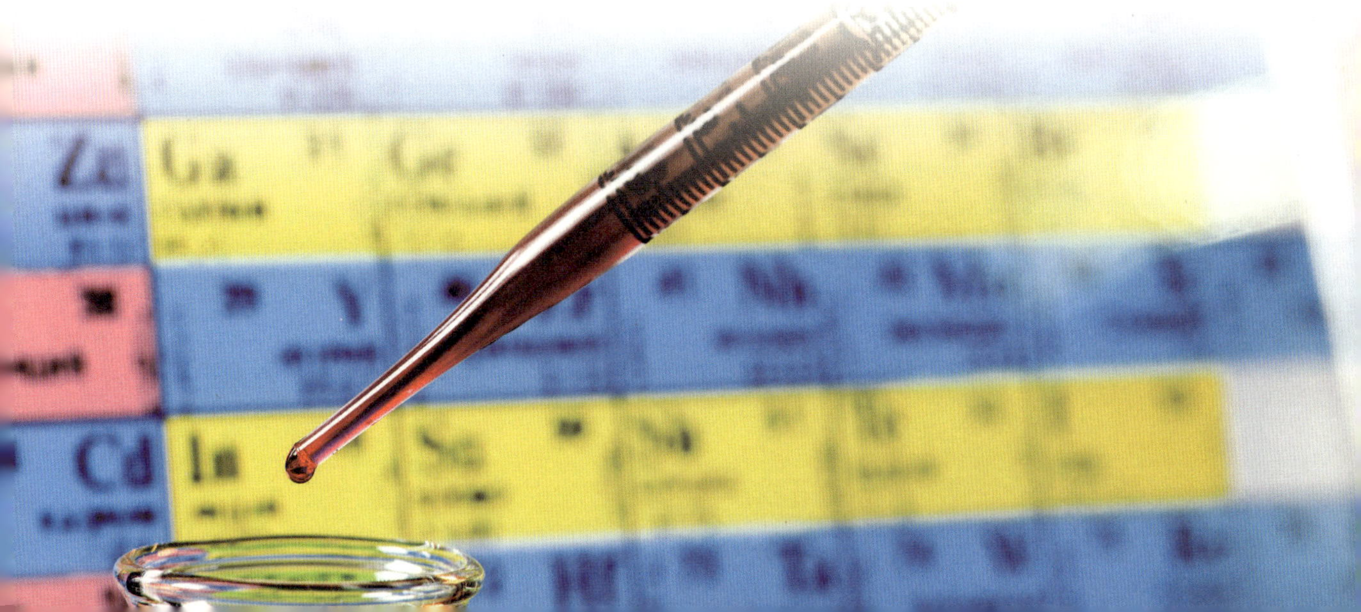

文化时代到近代的 10 处遗址出土的人骨中的碳十三同位素进行了分析，发现史前黄河流域农业社会的先民和家猪主要吃的是粟类食物。

20 世纪 90 年代，广西医学院的魏博源等人做了很有开拓意义的尝试，他们分析了古代人骨中的多种常量元素和微量元素含量，让我们从一个全新的角度看到了不一样的古代世界。

进入 21 世纪以来，人骨的稳定同位素分析越来越重要，逐渐成为国内人骨考古中不可或缺的部分。从目前的研究方法来看，主要是对碳（C）、氮（N）、氧（O）、硫（S）、锶（Sr）稳定同位素的研究。通过这些研究，我们能进一步获取古代人饮食结构、迁徙的科学认识。

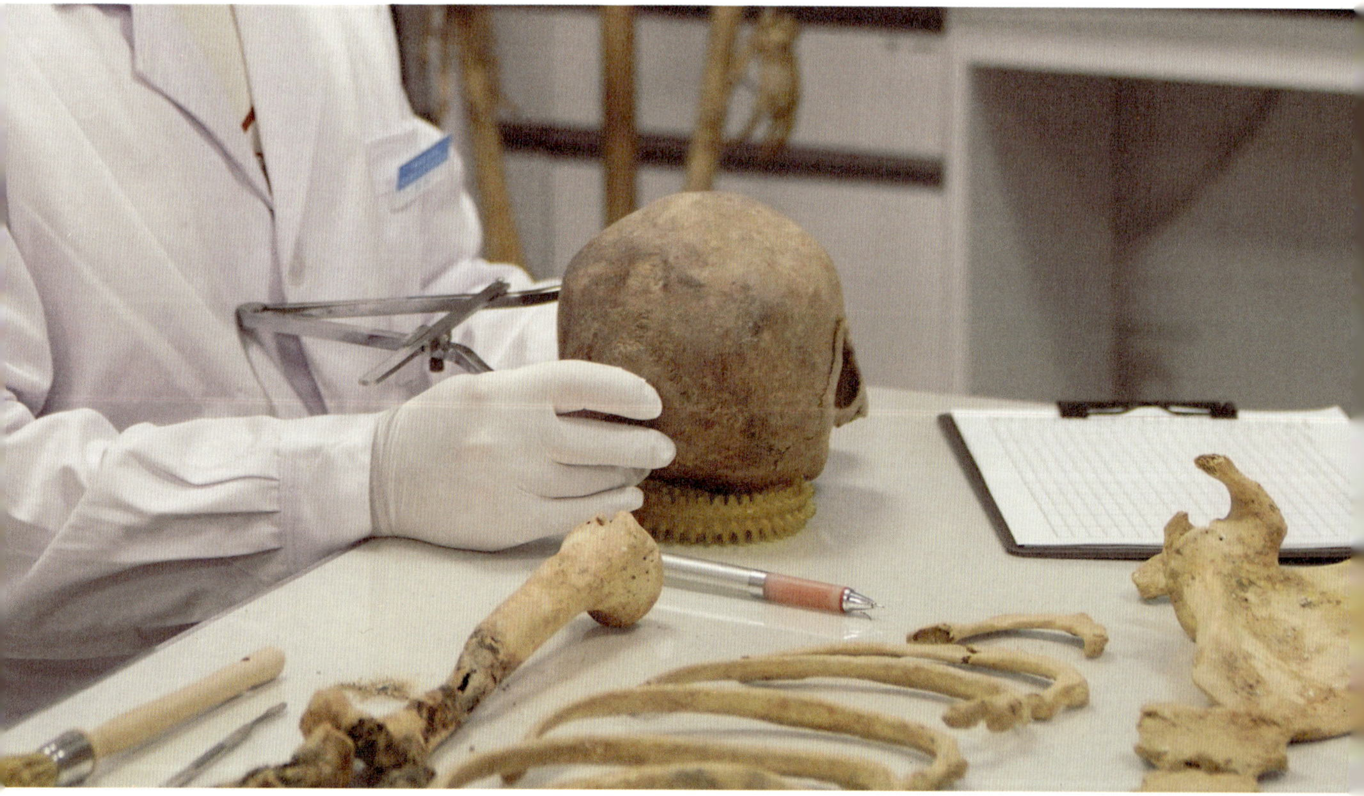

用科学丈量历史：仇士华与碳十四年代学的传奇

在考古学的奇妙世界里，有一位举足轻重的人物，他就是仇士华。1932 年，仇士华出生在江苏如皋，1955 年毕业于复旦大学物理系，那时的他肯定想不到，自己在物理领域学到的知识，日后会在考古学中掀起一场革命。

仇士华是我国碳十四测年技术的开创者。1965 年，他凭借着卓越的远见和不懈的努力，创建了国内首个碳十四年代学实验室。在那个科研条件极为有限的年代，仇士华和夫人蔡莲珍并肩作战，全身心投入到碳十四测年技术的研究和应用中。他们面对重重困难毫不退缩，实验设备缺乏，就自己动手设计并制造，在昏暗的实验室里，一次次调试设备，记录数据。

仇士华建立起实验室后，就像开启了一个时光定位器。他通过大量的碳十四测年数据，解决了许多之前困扰考古学界的难题。就拿仰韶文化和钱山漾遗址来说，在他之前，这些遗址的年代一直难以确定，仇士华凭借着碳十四测年技术，精准地确定了它们的年代。他的研究成果，为考古学提供了真正科学、精确的年代学基础，填补了我国史前考古绝对年代的空白。这意味着，我们终于可以清晰地知道那些古老的文物、遗迹究竟诞生于什么时代。

仇士华和蔡莲珍的工作在国际上也获得了高度赞誉。他们的实验室被外国学者称赞为“用手工作坊式的设备却测出了国际一流的数据”。这是多么令人骄傲的成就！他们用自己的智慧和勇气，向世界展示了中国科学家的实力，也为中国考古学界赢得了国际声誉。

青少年朋友们，如果你想进一步了解人骨考古的研究工作，可以去科研院所的人骨考古实验室参观。在那里，你能看到珍贵的人骨标本和各种先进的研究设备，说不定还能碰到正在专心研究的考古学家。一些高校还会举办人骨考古夏令营，这可是一次超棒的体验机会，你能亲自上手，体验人骨考古学家的日常工作，穿上专业的服装，拿着小工具，感受从骨头里挖掘历史秘密的乐趣。

也许在未来的某一天，经过学习和努力，你也会成为一名出色的人骨考古学家。到那时，你会解开那些藏在骨头里的谜团，发现更多人类历史的精彩瞬间，把祖先的故事讲给我们听。

人类的演化

人类从哺乳动物中脱颖而出，我们与远古祖先已有天壤之别。

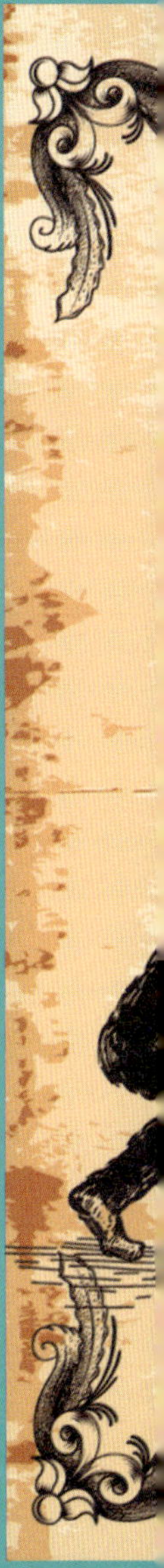

在漫长的演化历程中，语言的掌握与工具的创造，让人类逐渐与其他物种区分开来，从种类繁多的哺乳动物中脱颖而出，一跃登上食物链的顶端。时光荏苒，我们与同飞禽走兽共生的远古祖先已有了天壤之别。人骨考古的“先驱”——古人类学家们以进化论等科学理论为依据，深入研究古人类化石和古代人类骨骼，生动描绘出人类“从猿到人”的漫长演化历程，一步步论证现代人类的祖先，如何在众多“近亲”中崭露头角，历经无数艰难险阻，最终进化成如今的模样。

今天我们所说的“人类”，还有个学名叫“智人”。就像整理书架，把书按类别摆放一样，科学家用系统生物学分类法把所有生物按照界、门、纲、目、科、属、种这 7 个大单元来分类。这么一分，我们人类就被放进了动物界 - 脊索动物门 - 哺乳纲 - 灵长目 - 人科 - 人属 - 智人种这个“小格子”里。这个分类，一方面让我们清楚知道自己在大自然这个超级大集体里处在什么位置；另一方面，给科学家们搭好了一个“梯子”，让他们可以顺着这个梯子研究人类的演化之路；再一方面，通过研究不同分类里的各种生物，找到人类和其他生物之间的异同点，能弄明白我们人类到底是从哪儿来的。

提到人类的起源，可以从两个角度来理解：广义上泛指人类的整个演化过程，狭义上的解释主要是指从古猿演变成人的这一过程。

早在 19 世纪，著名的英国生物学家达尔文就注意到人与猿之间的相似性，1871 年，在《人类的由来及性选择》一书中，他列举许多证据说明人类是由已经灭绝的古猿演

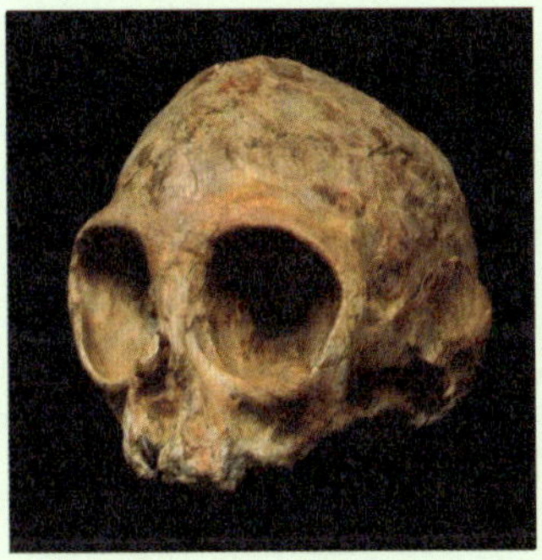

阿莱西颅骨

2014年，古人类学家在非洲东部的肯尼亚发现了一例仅有16个月大的人科动物幼崽头骨，该个体生活在1300万年前，研究者将其命名为阿莱西，在东非当地的图尔卡纳语中为祖先的意思。这是目前已知最完整的已绝灭的人科动物的头骨，它的发现使人们能够更加确定地将人科的祖先追溯至非洲。

化而来的。他还特别指出非洲的大猿与人类的关系最为密切，因此推断最早期的人类起源于非洲。1876年，恩格斯在《劳动在从猿到人转变过程中的作用》一文中指出人类从动物状态中脱离出来的根本原因是劳动，人类不同于猿类最重要的特点是两足直立行走、超高的智力和退化的犬齿以及工具的使用。最初猿类都是成群地生活在热带和亚热带森林中，但当其中一些猿类因为某些原因，从树栖生活转变为陆地生活时，人类进化的齿轮便开始了转动。根据达尔文的设想，人类的祖先为了更好地在地面上生活，逐渐习惯了两足直立行走，被解放出来的前肢，开始利用树枝、石块等作为武器进行捕猎或自我防卫，后来发展成为用手制造和使用工具，在这一漫长的进化过程中，大脑也得到开发。受限于当时的自然科学发展以及人类认知水平，这一观点将人类的起源与进化描述得过于潦草，但却为后人针对人类起源和发展的研究提供了重要思路。

截至目前，大量研究表明，人类祖先与黑猩猩、大猩猩、红毛猩猩们的祖先，以及已灭绝的类人猿、巨猿均属于人科。大约2500万年前，灵长类动物已分化成了猴总科、人猿总科两大分支，二者的主要区别在于人猿总科没有尾巴，体形更大，大脑容量更大。

大约1800万年前，人猿总科又分化出了长臂猿科和人科，二者的主要区别在于人科体形较大。

在距今 1600 万—1200 万年之间，人科又分成了猩猩亚科和人亚科 *，进而又可细分为不同的属各自朝着不同的方向进化。

猩猩亚科包括猩猩属、巨猿属、禄丰古猿属、西瓦古猿属等，但大部分属所包含的动物早已消

*亚科中的“亚”字表示次一级别，例如亚军。亚科是生物分类法的一级，介于“科”和“属”之间，一个“科”可再分为若干“亚科”。“亚科”和“属”之间有时还可再分“族”。

知识链接

步氏巨猿的绝唱

很久很久以前，在亚洲的热带森林中，一群身姿雄伟、力量强大的灵长类动物统治着这片土地。他们是在森林中生息繁衍的巨人，高达 3 米的身躯和 300 公斤的体重让所有生物都敬畏三分。他们拥有森林中丰富的食物资源，然而，对特定食物的偏爱，却成了他们生存的弱点。由于季节性增强，环境变得更加多样化，致使森林群落的结构开始发生变化。一些灵长类动物在生存条件发生变化的同时体形变得更小更灵活，还改变了摄食行为和栖息地偏好。但这些森林巨人却未能适应这种变化，他们的食物选择始终如一。随着时间的推移，他们的食物变得越来越稀缺。最终，在一个寂静的夜晚，最后一只森林巨人在饥饿和疲惫中倒下了。他们曾经是森林的霸主，但对食物和生活方式的执着，最终导致了自身的灭绝。

步氏巨猿

1935 年，一位名叫孔尼华的德裔人类学家在香港的一家中药铺里发现了

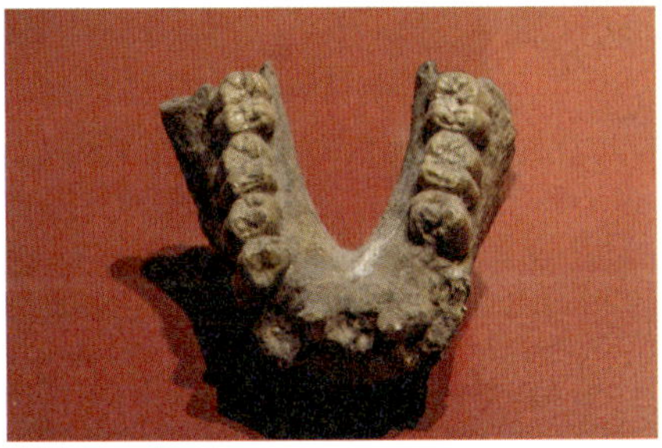

步氏巨猿下颌模型

一颗巨大的牙齿，这块被称为“龙骨”的牙齿实际上属于一种未知的大型灵长类动物。孔尼华经过研究，在 1952 年宣布这是一种新发现的物种，并给它取名为“步氏巨猿”。从那时起，科学家们在中国的广西、湖北和四川等地陆续发现了更多的步氏巨猿化石，这些化石的历史可以追溯到大约 200 万年前。

1956 年，中国科学院古脊椎动物与古人类研究所组织了一次考察，由裴文中和贾兰坡带领，他们对广西来宾等地的 200 多个山洞进行了调查。在这次考察中，他们在大新县的一个山洞里发现了三颗巨猿牙齿化石，这是首次发现具有确切地点和层位的巨猿化石。吴汝康在 1962 年对这些化石进行了深入研究，他发现巨猿的下颌和牙齿在很多特征上介于人类和猿类之间，这为研究人类的演化提供了宝贵的信息。

2024 年 1 月 11 日，中国科学院古脊椎动物与古人类研究所的张颖奇研究团队与国际合作者在《自然》杂志上发表了他们的最新研究成果。他们发现，步氏巨猿大约在 29.5 万至 21.5 万年前灭绝。研究指出，步氏巨猿对特定的食物和摄食行为的依赖，使得他们在环境变化面前变得非常脆弱，这可能是导致它们灭绝的主要原因。这个发现不仅为我们提供了关于步氏巨猿的新知识，也提醒我们生物多样性和适应性在自然界中的重要性。通过这些研究，我们可以更好地理解古代生物如何与环境相互作用，以及它们是如何逐渐演化或灭绝的。

失在演化的洪波中，如今只剩下猩猩属，属下细分为三种：婆罗洲猩猩、苏门答腊猩猩、达班努里猩猩。由于这三种猩猩长着红色长毛，故被俗称为“红毛猩猩”，主要分布在东南亚马来群岛的森林中。

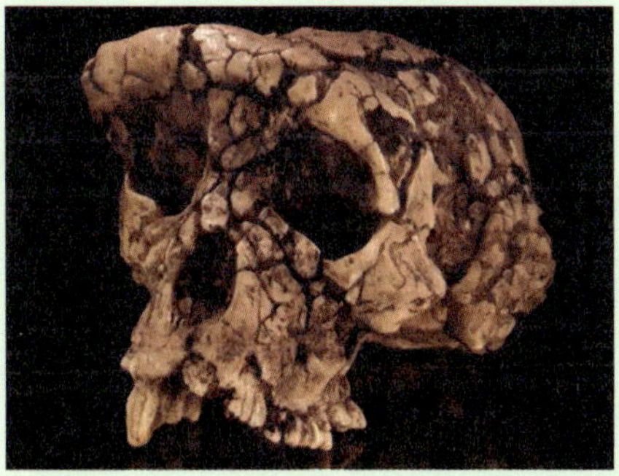

乍得沙赫人

生活在700万年前的乍得沙赫人，属于沙赫人属，体形比黑猩猩高大，四肢比较修长，可以直立行走，研究表明其遗传物质是现代人类的基础，被认为是人类和黑猩猩共同的祖先。

从生物学分类来看，人亚科可以进一步细分为大猩猩族和人族。在大约1000万年前，一个非常关键的时间节点出现——大猩猩族和人族走向了不同的进化道路。如今，大猩猩族里只剩下大猩猩属这一个属，而且仅有东非大猩猩和西非大猩猩这两个种，数量十分稀少。人族这边的分类更为复杂，包含黑猩猩亚族、人亚族。

最新的研究发现，大约在1300万年前，人类和黑猩猩共同的祖先在基因层面开始产生差异。不过，这个“分家”的过程并不是一下子就完成的，而是持续了数百万年。在这漫长的时间里，基因的一点点变化，让人类和黑猩猩的祖先逐渐有了越来越大的区别，最终进化成了现在我们看到的不同物种。

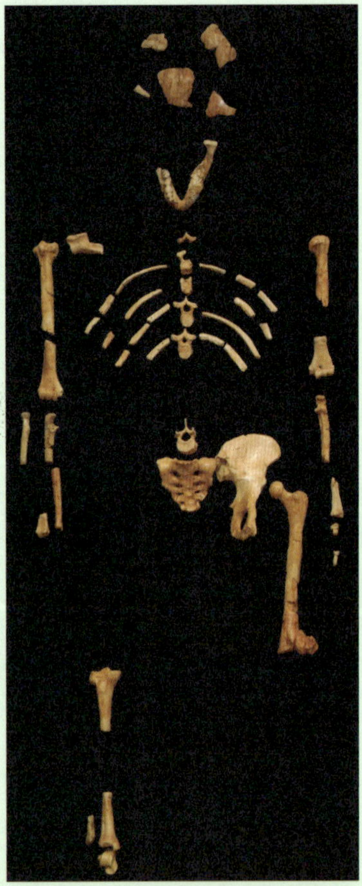
露西化石

露西

露西复原头像

1974 年 11 月 24 日，美国古人类学家约翰森和他的团队在非洲东部埃塞俄比亚阿瓦什低谷的哈达尔发掘点，发现了编号为 AL 288-1 的古人类化石。

当时，约翰森在坡地上首先发现了一段前臂骨，凭借专业的眼光，他很快判断这是一块人科骨骼化石。随后，科研团队在周围展开细致搜寻，陆续找到了颅骨碎片、大腿骨、若干椎骨、肋骨、一半骨盆以及一块下颌骨等，共计 47 块骨骼化石。经过清理和研究，这些骨骼残片大约占人体骨骼总量的 40%，并且都来自同一个体。

这一重大发现让整个科研团队欣喜若狂。发现化石的当晚，营地中一直播放着英国摇滚乐队披头士的《缀满钻石天空下的露西》（*Lucy in the sky with diamonds*）。因为这具化石的骨架较小，科研人员就用“露西”这个女性名字为其命名。后来经过深入研究，推测出露西身高 107—122 厘米，生活在距今 350 万—320 万年。

随着研究的不断深入，关于露西的更多信息被挖掘出来。2016 年 8 月，英国学术期刊《自然》发表了一篇论文，研究人员通过分析骨骼破裂模式，大胆猜测露西或许是从树上摔下受伤致死。2023 年 6 月，英国《皇家学会开放科学》杂志刊登了新的研究成果，英国剑桥大学的研究者利用核磁共振成像（MRI）和 CT 扫描等技术，重新构建了露西丢失的软组织数字模型，还原了她关节的活动方式，证实她已经能够直立行走。

露西的出现，为人类进化史提供了关键证据，有力地向世界证明，至少在 300 万年前，东非地区的人类就已经开始了漫长的进化历程。

生活在距今 580 万—520 万年的卡达巴地猿、生活在距今 440 万年的始祖地猿都属于地猿属，可以直立行走，同时又习惯树栖生活。地猿再进化就形成了两大分支：一支是以肯尼亚平脸人为代表的肯尼亚人属，生活在距今 350 万—320 万年；另一支则是南方古猿属，他们生活在距今 400 万—100 万年的非洲东部和南部地区，包括湖畔种、阿法种、惊奇种、源泉种等多个种。南方古猿从树上走到了陆地，直立行走，双手用来挖掘根茎、砍砸树木、使用工具、狩猎采集等。他们群居而生，共同寻找食物，共同防御其他猛兽的攻击。

我们现代人类属于人属，截至目前的古人类学研究表明：人属由南方古猿演化而来。人属是一个庞大的家族，在这个家族里，不仅有我们人类的祖先，还有纳莱迪人、能人、匠人、格鲁吉亚人、直立人、海德堡人、尼安德特人、丹尼索瓦人等众多已经灭绝的物种。研究显示，这些已灭绝的物种体型和我们现代人类相近，都已具备制造复杂工具的能力，就如同我们祖先在远古时代的“表亲”。在遥远的过去，他们和我们的祖先一起，在充满生机的地球上繁衍生息，共同经历着岁月的变迁。

非洲地区在人类演化研究中占据着举足轻重的地位。经过几代古人类学家的不懈努力，这里不仅出土了大量的南方古猿化石，还发现了一系列人属化石。这些珍贵的化石为古人类学家提供了关键线索，他们借此能够相对清晰地绘制出一个较为完整的人科演化图谱。目前，“最初的人类起源于非洲”这一观点在学界已基本取得共识。

直立人

直立人是一种古老的人属成员，生活在200万—20万年前。19世纪90年代，第一件直立人化石发现于印度尼西亚爪哇岛，被称作爪哇猿人。直立人在我国也有广泛分布，北京人、元谋人、蓝田人都属于直立人。此外，直立人化石材料还发现于东非、西北非和西欧等地，是早期人类中分布最广的物种。直立人已经具备了人的特征：脑容量增大、两足直立行走、能制造工具。

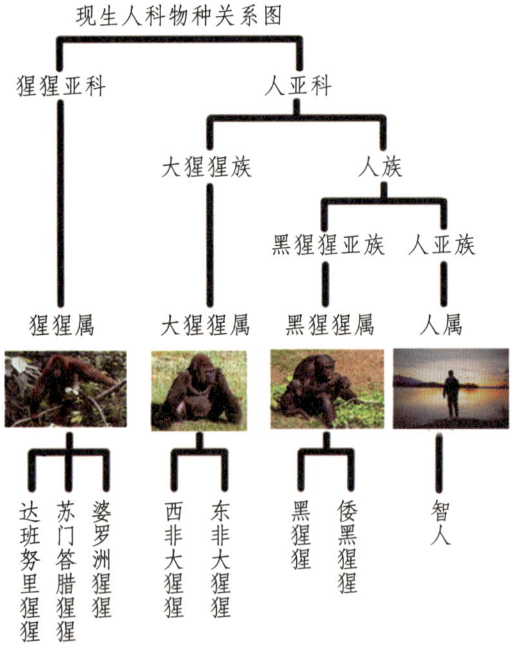

现生人科物种关系

知识链接

随着制作和使用工具能力的提升，早期智人的数量逐渐增多，迁徙规模也日益扩大，甚至已具备在高纬度寒冷地区生存的能力。在这一时期的众多遗址中，均发现了大量用火痕迹。德国的一处旧石器文化洞穴遗址内，考古学家发现了干燥的菌类，他们推测，这些菌类可能是引火之物，这表明当时生活于此的早期智人不但能够用火，而且已掌握了取火的方法。同时，这一阶段“埋葬死者”的意识开始觉醒。在法国费拉西旧石器时代洞穴中，发掘出土了一对成年男女和四个儿童的尸骨，这些骨骼被埋在人工挖掘的半圆形沟槽内，成年男性的头部和肩部压着扁圆的砾石，这显示当时已有埋葬死者的习惯。

法国科雷兹的波尼瓦洞穴里发现的圣沙拜尔人化石，其骨架被安置在长约 1.45 米、宽约 1.3 米、深约 30 厘米的墓坑内，身旁随葬有燧石石器、砂岩石砧、制作精致的尖状器和刮削器，还有各种颜色的燧石、石英和水晶料块。此外，在其身旁还放置着关节部位依然相连的野牛腿骨与驯鹿脊椎骨和肩胛骨等。研究者推测，当时人们不仅以石器随葬，还用兽肉供奉死者。除此之外，在伊拉克的沙努达尔洞穴、以色列的基法拉洞穴、克罗地亚的克拉皮纳洞穴等遗址，也都发现了有意识埋葬死者的习俗。

我们从哪里来

关于现代人类起源这一问题，主要有两大理论：一种叫作“多地区连续进化说”，认为现代人是在世界不同地方分别独立地演变来的；另一种叫作“单一地区起源说”，认为所有现代人都来自一个特定的地方。

多地区连续进化说

1984 年，美国学者沃尔波夫、澳大利亚学者桑恩和中国著名古人类学家吴新智，针对现代人起源共同提出了一个观点——“多地区进化”假说。这个假说认为，直立人在全球不同地区独立演化成了现代非洲人、欧洲人、亚洲人和大洋洲人。他们还认为，尽管人类在不同地区演化，但基因交流一直存在并将我们维系在一个多样化的物种内。

1990 年，吴新智深入研究了中国境内发现的古人类颅骨化石，总结出了中国更新世人类的一些共同特征。这些特征包括面部较低平、鼻梁较扁塌、眼眶长方形等。这些特征在中国的化石中非常常见，但在其他地区却很少见。吴新智还发现了一种特殊的骨头结构——印加骨，它在中国的古人类化石中出现率很高。这些独有的特征使他坚信，中国的古人类是连续发展的。

1998 年，吴新智比较了中国与欧洲的古人类化石，发现了一些有趣的不同点。例如，广东韶关马坝人的眼眶呈圆形，与欧洲尼安德特人相似；湖北郧县二号头骨的鼻梁高耸，与中国其他地点古人类的鼻骨形态不同。这些发现暗示，在进化过程中，某些中国古人类可能与境外人群发生了基因交流。

基于这些发现，吴新智提出了中国古人类进化的“连续进化 附带杂交”假说。这个假说认为，虽然中国古人类主要是连续进化的，但在不同时期也发生了一些与外来人群的基因交流，尤其是更新世晚期，随着人类活动能力的增强和交往的频繁，外来基因的交流变得越来越多。

近年来，在我国越来越多的关于“连续进化　附带杂交”假说的旁证被逐一发现：

中国境内有超过 70 处遗址发现了更新世时期（距今 258 万—1.17 万年）的人类化石，且年代具有一定的连续性，证明不同时间段的中国都曾出现古人类的身影。

魏敦瑞

关于“多地区连续进化说”理论的前身，可以追溯到20世纪初。一位名叫魏敦瑞的美籍德裔解剖学家，1934年来到我国北京周口店研究古人类化石。在对北京人头盖骨进行研究后，他发现了一些令人兴奋的线索。他注意到北京人头盖骨与东亚现代人类有很多共同的特征，例如平脸、高颧骨及铲形门齿。魏敦瑞提出了一个大胆的想法，他认为北京人应该是东亚现代人类的祖先。由于当时研究者们发现的北京人之后的古人类化石较少，就像一套家谱中缺失了几页关于先辈的记载，所以这个想法固然新颖，但论据还不够充足。后来，随着中国古人类学家们在四川资阳、山西丁村、湖北长阳、广东马坝和广西柳江等地发现了更多的古人类化石，这些新发现的化石在时间和颅骨形态方面都介于北京人和现代蒙古人之间，为论证我国古人类连续进化提供了重要线索，让魏敦瑞的设想变得更有说服力并开始受到重视。20世纪50年代，中国科学院吴汝康综合分析了世界各地出土的人类化石后提出“人类体质发展的不平衡性”的论点。20世纪60年代，吴汝康进一步明晰了人类的各种重要特征并非同时起源的理论。这一理论被中国学术界称为“镶嵌说”，为日后“多地区连续进化说”的提出奠定了理论基础。

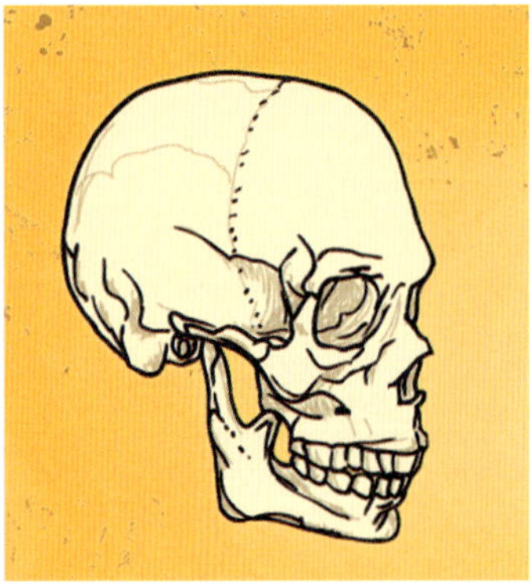

人类头骨

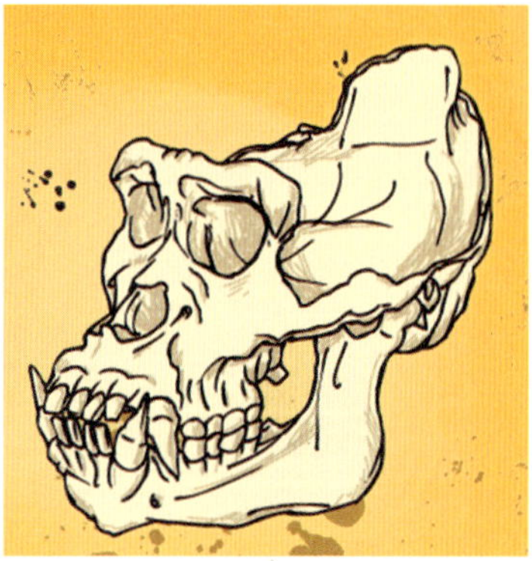

大猩猩头骨

例如：中国科学院刘武等人在贵州盘县大洞发现距今 30 万—13 万年的古人类牙齿，经研究证明与同时期亚洲和非洲人类相比，盘县大洞古人类牙齿已经呈现出早期现代人特征。2015 年 10 月 15 日，刘武等多位研究员在《自然》杂志发表论文，报道了在湖南道县发现了距今 12 万—8 万年的古人类化石，这是华南地区发现的迄今最早的现代类型人类化石。根据现有的化石证据，最早的现代类型人类在西亚和欧洲出现的时间为 5 万—4.5 万年前，道县人类化石的发现证明人类在东亚大陆出现的时间比欧洲和西亚要早至少 3.5 万—7.5 万年，这项发现进一步强化了对东亚本土人群连续演化的论述。

在古人类研究领域，我国学者不仅聚焦于化石形态展开深入探究，还积极引入分子生物学方法，用于剖析我国境内古人类的演化进程。中国科学院付巧妹团队，针对北京田园洞出土的一具生活在 4 万年前的人类个体骨骼，展开了 DNA 提取与分析工作。研究结果显示，这具人骨携带早期现代人的基因。从遗传角度来看，其与现代欧洲人（欧罗巴人种）的祖先在基因层面已然分道扬镳，却和当今亚洲人以及美洲原住民（蒙古人种）存在紧密的血缘联系。不过，该个体并非这些人群的直系祖先，而是分属于不同人群。这一研究成果进一步佐证，自 4 万年前至今，东亚地区曾先后有多个基因各异的人群在此生活栖息，为我们深入了解古人类在东亚地区的演化与迁徙路径，提供了关键的遗传学证据。

互动实验室

如果你是基因侦探，请设计一个有趣的探测任务，找到自己的远古同学。

A. 找找看有没有“音乐天赋基因”

B. 检测他们是否乳糖耐受

C. 寻找最早的“辣椒爱好者”

D. 我的奇思妙想：____________

（小提示：现代欧洲人直到 6000 年前才进化出消化鲜奶的超能力哦！）

打制石器的猿人

此外，研究古人类制造石器的技术，也能证明“连续进化　附带杂交”的假说。就拿非洲和欧洲来说，在旧石器时代，他们制造打制石器的技术是这样发展的：330 万年前，人们用的是第一模式；到了 170 万年前，就变成了第二模式；大约 20 万年前，发展成了第三模式；而在大约 3.5 万年前，欧洲已经有了第四模式。

不同于非洲和欧洲，中国在旧石器时代，第一模式几乎一直都在使用。只是偶尔能发现一些石器组合，体现出了其他技术模式，很可能是因为和西方地区有过少量的文化交流。这种独特的打制石器制造技术发展模式，从一个角度支持了中国化石人类“连续进化　附带杂交”的假说。

知识链接

人类石器加工的五大模式是由英国考古学家格雷厄姆·克拉克提出的技术分类体系，反映了旧石器时代至中石器时代石器制作技术的演进历程。

1. 第一模式（奥杜威模式）以简单的砾石和石核石器为主，加工方法原始，类型单调。常见工具包括砍砸器、盘状器和多面体石核，剥片技术以锤击法为主，偶用砸击法和碰砧法。

2. 第二模式（阿舍利模式）以两面打制技术为核心，典型工具包括对称的手斧、手镐和薄刃斧。晚期出现软锤技术（如用鹿角或骨头加工），提高了工具的精密度。

3. 第三模式（莫斯特模式）以勒瓦娄哇预制石核技术为标志，通过精准剥片获得规则石片，并加工成刮削器、尖状器等精致工具。软锤技术广泛应用，工具小型化且功能专一化。

4. 第四模式（旧石器晚期模式）以石叶技术为核心，采用间接打击法和压制技术，从棱柱状或勒瓦娄哇石核上剥取细长石叶，再加工成端刮器、雕刻器等。工具高度标准化，便于镶嵌到骨柄或木柄上形成复合工具（如弓箭、标枪）。

5. 第五模式（中石器时代模式）以细石器技术为代表，通过压制法制作微型石叶（细石叶），用于镶嵌成复合工具（如箭头、鱼叉）。原料利用更经济，工具组合多样化。

西藏尼阿底遗址石器组合

自非洲迁移出来的古人类，若朝着今天的东南亚地区跋涉的话，第一站可能是今天亚洲西部的以色列和巴勒斯坦地区。旧石器时代考古工作者在这个地区的多个地点发现了大约 10 万年前的石器，数量丰富。经考古学研究者证实，这些石器的制造技术为第三模式。如果按照“单一地区起源说”的预想，这些石器应该是那些最初走出非洲的现代人制造的，且在距今 6 万—1.8 万年，这批人的后代已到达了东亚地区，且完全取代了东亚原来的古人类，那么，东亚地区古人类所掌握的制造石器的技术应该也属于第三模式，或者是在此基础上发展出来的更进步的技术。但目前已经发现的大量石器表明，东亚的原住民一直掌握着第一模式的石器技术。

单一地区起源说

在“多地区进化”假说提出的三年后，也就是 1987 年，美国分子生物学家威尔逊、卡恩等人对来自世界各地的 147 位女性胎盘细胞中的线粒体 DNA 进行了研究。他们发现，非洲人的基因变异最为丰富，就像是一棵大树的根，深深扎在非洲的土地上。通过计算这些基因变异的速率，科学家们推测，非洲现代人的历史可以追溯到大约 20 万年前。他们提出了一个大胆的假说：所有生活在地球上的现代人类的共同祖先是大约 20 万年前生活在非洲的一个妇女，她的后代在大约 13 万年前开始了一场伟大的旅程，走出非洲，走向世界。这个假说被称为“夏娃理论”，它的提出在全世界范围内引起了广泛的关注和讨论。时间快进到 2000 年，复旦大学的金力教授和他的团队对东亚地区 12127 位男性的 Y 染色体进行了研究。他们发现，这些样本都携带着一种特殊的标记，这种标记指向了一个共同的起点——非洲。这一发现，进一步支持了现代东亚人起源于非洲的假说。

坚持“单一地区起源说”的学者认为：世界各地的远古人类中只有一处的人群成功地演化为解剖学上的现代类型的智人，即现在的各色人种拥有一个共同祖先，大约生活在距今10万—5万年的非洲。由于他们在解剖结构、生理功能以及文化技术上，比同时代生存在其他地区的人类群体更有优势，所以他们迅速地向四面八方迁徙，替代了其他地区的原住居民。然而，利用DNA分析的方法探讨现代人类的起源问题的重要前提之一是“基因突变的速率是恒定的”，但这一前提是否科学还值得商榷。2015年3月《自然》杂志发表文章科学论证了人类基因组中的基因突变率难以确定，那么，夏娃理论的研究结果便难以令人信服。

尼安德特人

与我们的祖先并肩同行的人属成员中，最有名的当数尼安德特人。

尼安德特人的发现

1856 年 8 月的一天，在德国西部的尼安德特河谷，一名矿工在石灰岩矿里偶然发现了一个骨盆、一个头骨以及一些碎骨头化石，他和他的矿工朋友们以为这些不过是某种动物的骨头，但又觉得有些特别，于是便把它们收好，当作礼物送给了镇上的教师富尔罗特。富尔罗特是一名业余的博物学家，他发现这些骨骼并非来自某种动物，头骨和人的差不多大，只是形状略有不同，前额短且向后倾斜，眉弓处明显突出，鼻子的梨状孔非常大，后脑勺突起，从长骨的长度和粗壮度来看，他可能比一般的人要

尼安德特人发掘现场

矮小，但是更加粗壮。富尔罗特推测这可能是一个与我们现代人类明显不同的“人”的骨骼。于是，他便与波恩大学的解剖学教授沙夫豪森取得了联系，沙夫豪森教授也认为“这是一个还不被人们所认知的自然生物”。1857 年，沙夫豪森教授和富尔罗特二人在德国的科学期刊上发表了论文，报道了这一重要发现。古人类研究者们根据“首次发现地命名”的原则，将这一化石命名为尼安德特人，后来也用于指代跟这一化石处于相同进化阶段、同一种群的古人类化石。之后的几年间，研究人员们发现其实早在 1829 年人类学家施梅林在比利时境内就曾发现过与尼安德特人长相相仿的古人类化石。

尼安德特人的发现引起了学术界的广泛关注，但受限于当时的科技发展水平，缺少对化石进行系统研究以及测年断代的技术，一些不同的声音也纷至沓来。有些学者认为德国尼安德特河谷发现的化石应该是某种疾病导致畸形的“人类”骨骼，不能够算作新的物种。1871 年，达尔文出版的《人类的由来及性选择》一书中甚至都不曾

提及尼安德特人的发现。1908 年，在法国圣沙拜尔波尼瓦洞穴出土的一具尼安德特人化石，让欧洲学术界对尼安德特人抱有更多负面看法。这具化石部分牙齿生前就脱落了，并且患有退行性关节疾病（一种老年人常见的关节炎），研究者推测该个体是一个外形粗鄙、步履蹒跚的佝偻“老头”。1920 年，英国作家赫伯特 · 威尔斯在他出版的《历史大纲》一书中，对尼安德特人这样描述：“颅骨厚，骨质重；弯腰、俯首……长得笨重。”同时，还提出“人这一属也许有一个原始类型存在于更新世的中期，一支发展偏向于笨重和粗野的方面，产生了后来那种极端的尼安德特人”。当时，若是对一个欧洲人说他长得像尼安德特人，那就相当于说他是一个未开化的野人。

而后，欧洲地区大量与尼安德特人化石相仿的化石陆续被发现，一同被发现的还有石器和已灭绝的动物化石，这些考古材料证明了尼安德特人应该是生活在远古时代的一个物种。

德国尼安德特人博物馆尼安德特人复原像

知识链接

尼安德特人长什么样？

尼安德特人在外观上与我们现代人类有相似之处，但也存在一些显著的差异。从远处看，尼安德特人可能看起来像普通的人类，只是稍微矮一些，也是完全直立行走的。他们的头骨结构和大脑大小与我们类似，但形状有所不同：尼安德特人的头部较长而非球形，前额和头顶较低。此外，他们大脑的内部结构也与我们现代人有所区别。

2018 年发表在《英国皇家学会学报 B- 生物科学》杂志的一项研究指出，尼安德特人的某些特征，如他们较大的胸腔和鼻子，可能与适应冰河时代的寒冷空气与高能量的消耗有关。

尼安德特人家族重建图

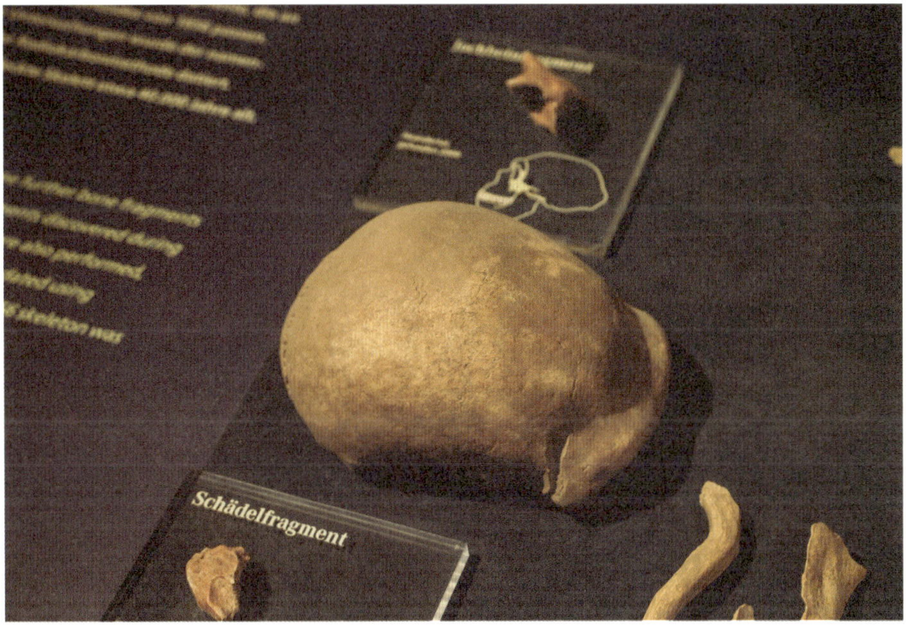

尼安德特人头骨化石

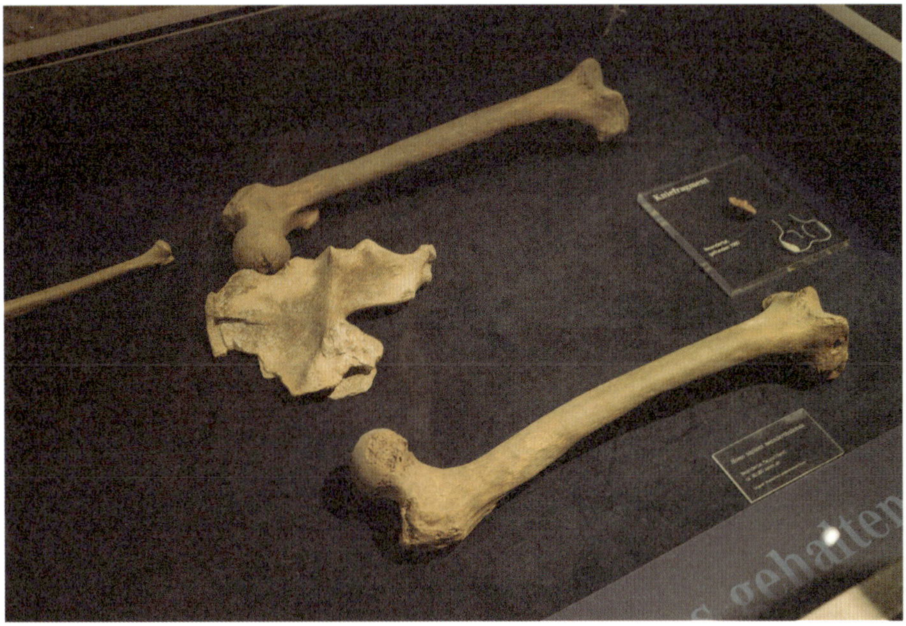

尼安德特人骨骼化石

尼安德特人的起源

尼安德特人是我们人类的祖先吗？

如果不是的话，他们会是一个与我们人类祖先不同的新物种吗？

如果他们是新物种的话，与我们人类祖先是否共生？关系如何？

1997 年，时任德国马克斯 · 普朗克演化人类学研究所所长的瑞典生物学家斯万特 · 帕博及其团队对尼安德特人的基因组进行测序，成功提取了尼安德特人的线粒体 DNA，通过与现代人类线粒体 DNA 进行比对，证实了尼安德特人不是当今人类的直系祖先。

2010 年，斯万特 · 帕博团队在 5 月 7 日出版的《科学》杂志中发布了尼安德特人基因组草图，证明了除生活在非洲的人群以外，亚洲和欧洲的现代人基因组中有一

斯万特 · 帕博

定比例的区段可能来源于尼安德特人。这一发现证明了尼安德特人在人类盘根错节的进化树上应当被改写为现代人类的一个亚种，该研究将现代人类与尼安德特人“分道扬镳”的时间进一步缩短至 44 万—27 万年前。

西班牙北部一处叫作“骨头坑”的遗址出土了距今 43 万年的古人类化石，这些化石被归类为海德堡人，但是他们却具备了尼安德特人的一些颅型特征。2013 年，根据古人类化石 DNA 分析研究发现，尼安德特人的起源同现代人类的起源一样复杂，初步推测其祖先是距今 76.5 万—55 万年生活在非洲的海德堡人。海德堡人是直立人的后代，比直立人稍微高大一些。因气候等原因，在距今 40 万—35 万年间一部分海德堡人的后代到达欧洲，并在欧洲继续演化，最终形成了尼安德特人。

神秘的丹尼索瓦人

丹尼索瓦洞穴

我是一块古老的手指骨，一直沉睡在阿尔泰山区的丹尼索瓦洞穴里，这里是俄罗斯、中国和蒙古的交界处。在 2008 年，俄罗斯科学院的阿纳托利·杰烈维扬科带领的团队发现了我。他们对我可感兴趣了，仔仔细细地研究了一番，他们发现我已经在这里沉睡了约 4 万年之久。

之后，我被送到了德国马克斯·普朗克演化人类学研究所。那里的科学家们，尤其是帕博团队，对我展开了深入分析。他们小心翼翼地从我身上提取了线粒体 DNA，然后进行测序。结果令人震惊，我既不是早期现代人，也不是尼安德特人，更不是任何已知的近亲物种。原来，我属于一个全新的、已经灭绝的人类物种，科学家们给这个新物种取名叫丹尼索瓦人。2010 年，这个重大发现登上了《自然》杂志，一下子就在全世界引起了轰动。

丹尼索瓦人的遗骸发掘现场

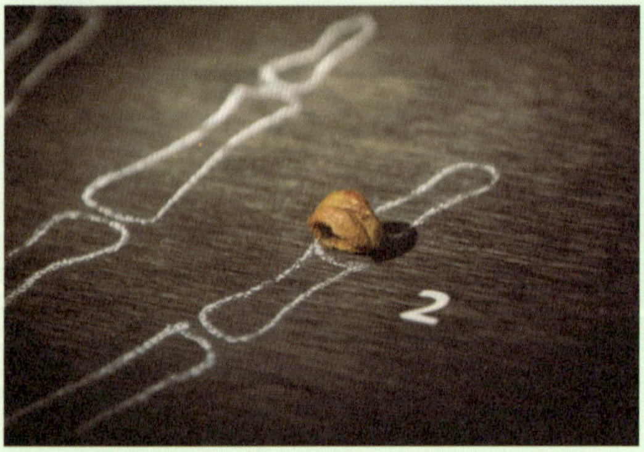

丹尼索瓦洞穴找到的丹尼索瓦人指骨

丹尼索瓦洞穴找到一块约 2.5 厘米长的骨头

随着研究不断深入，科学家们又有了新发现——丹尼索瓦人与现代人类以及尼安德特人在大约 100 万年前，居然拥有共同的祖先。更神奇的是，丹尼索瓦人的遗传信息在现代人类的身体里留下了痕迹。在东南亚的美拉尼西亚人基因组里，有 4%—6% 的遗传信息来自丹尼索瓦人；在东亚大陆和美洲原住民的基因组里，也能找到丹尼索瓦人的“影子”。

2020 年，帕博的学生、中国科学院的付巧妹教授带领团队，在中国青藏高原的白石崖洞进行了一项开创性的研究。他们从洞中的沉积物里成功提取出了丹尼索瓦人的 DNA。这是中国沉积物古 DNA 研究的第一个成功案例，也是世界上首次在丹尼索瓦洞之外找到丹尼索瓦人的 DNA，为明确丹尼索瓦人的生活时间和活动范围，提供了特别关键的证据。

别看我只是一块小小的手指骨，我可是见证了人类演化史上特别重要的篇章，还揭开了人类多样性的历史和演化秘密。我的故事穿越了漫长的时空，向全世界展示了人类演化的复杂和丰富。

知识链接

尼安德特人"低等"吗？

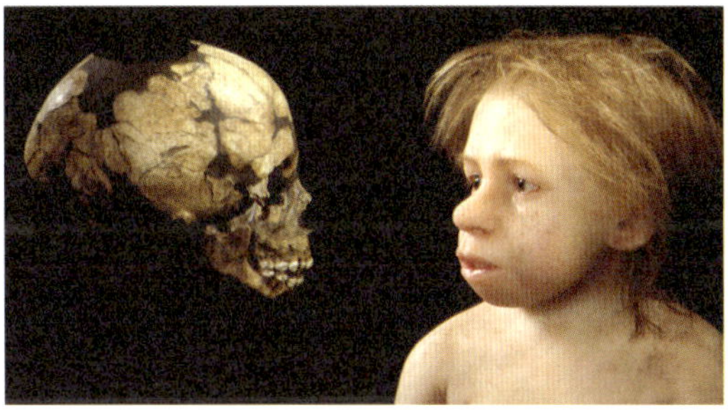
丹安德特人儿童头骨和复原图

总的来说，尼安德特人与我们有很多共同之处，他们也有着自己独特的适应能力和生活方式，使他们在人类演化史中占有特殊的地位。

尼安德特人的食物结构主要以肉食为主，他们通常捕食大型或中型动物。2023年的一项研究发现尼安德特人能够捕猎猛犸象，巨大的捕食对象使一次成功的捕猎就可以解决相对较大的人群生存的问题。不过，他们的食谱也包括鸟类、兔子，甚至他们还会去海边觅食。随着研究的深入，一些证据表明尼安德特人有时也会食用植物。为了狩猎和采集食物，尼安德特人制造并使用了各种工具。考古学家发现他们会制作长矛。此外，尼安德特人还使用锋利的石器来屠宰他们捕猎到的动物。2023年的一项研究表明，尼安德特人不仅会烹饪动物食品，还会加工和烹饪某些植物。

遗传学研究表明，尼安德特人携带了Foxp2基因，这是控制语言能力发展的基因。人类的Foxp2基因位于第7对染色体上，与尼安德特人的"版本"略有不同，因此，目前我们还无法就尼安德特人言语和语言的复杂性得出明确的结论。

一些研究还表明尼安德特人懂得善待伤者，也会有意识地埋葬死者。1983年，以色列地区发现的一具尼安德特人的骨骼化石，被埋葬在一个浅坑里，周围随葬了动物的骨骼和牙齿，研究者推测这可能是一种葬俗。

知识链接

人类祖先和尼安德特人有后代吗？

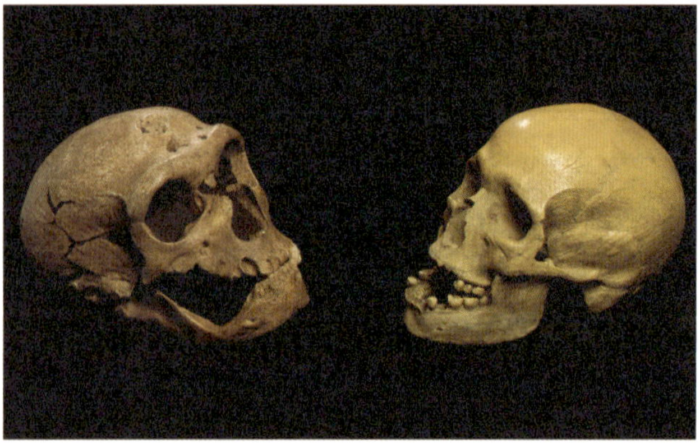

尼安德特人和现代人头骨对比

为回答这一问题，研究者们将尼安德特人与现代人类的 DNA 进行了比较。2010 年，斯万特·帕博在《科学》杂志公布的尼安德特人基因组草图，表明尼安德特人很久以前就与我们现代人类的祖先发生过联姻。2020 年《细胞》杂志上的一项研究发现，来自撒哈拉以南地区的人体内含有微量尼安德特人 DNA，这些 DNA 可能是在人类从欧亚大陆迁徙到非洲之后才获得的。2014 年《自然》杂志上刊登的一项研究称：尼安德特人留下了很多有害的基因，让现代人类更容易罹患狼疮、克罗恩病、2 型糖尿病等免疫系统疾病和抑郁症等疾病，甚至提高了染上烟瘾的概率。

尼安德特人的消亡

德国尼安德特人博物馆展览

尽管尼安德特人在现代人类的基因中留下了遗传印记，但在约 4 万年前他们就在这个蓝色的星球上神秘消失了。关于尼安德特人消失的原因，目前主要有两种观点：

第一种观点认为，尼安德特人的消失与气候恶化以及现代人类祖先的到来有关。当时我们的祖先人口数量更多，社会组织更为完善，文明程度更高，这些因素可能让他们在与尼安德特人的竞争中占了上风。因此，现代人类可能在种族的冲突与竞争中取得了胜利，逐渐取代了那个时代相对更为原始的尼安德特人。但最近的研究显示，我们的祖先在至少 10 万年前就已经出现在欧亚大陆，比先前认为的时间要早，而且 6 万年前就已抵达澳大利亚。更为关键的是，目前尚无确凿的考古证据支持现代人类与尼安德特人之间发生过冲突。

第二种观点则强调环境因素，认为尼安德特人或因急剧的气候变化而灭绝。这种剧烈的环境变化可能超出了尼安德特人的适应能力，导致了他们的消亡。2022 年发表在《自然生态与进化》杂志上的一篇文章，表明在尼安德特人生存的最后 1 万年里，快速的气候变化极大地改变了他们的生存环境和狩猎资源。然而，值得注意的是，尼安德特人之前曾在多变的气候和极端环境中生存，但并未灭绝。

这些发现使得尼安德特人消失的原因更加扑朔迷离，每种说法都提供了不同的视角来理解这个史前谜团，研究者们仍在努力探索答案。

如何透骨识人

人骨蕴含丰富的信息，让我们更全面、更深入地了解古代人类世界。

在传统的考古学语境中，人骨考古学工作者承担着众多关键任务。首先，他们会对出土的古代人骨进行细致的清理和保护。要知道，这些深埋地下的人骨历经岁月侵蚀，十分脆弱，稍有不慎就可能损坏，所以清理与保护工作容不得半点马虎。接着，便是精确的测量工作，通过测量人骨的各项数据，来获取关于古代人类身体特征的信息。同时，他们还会进行严谨的体质人类学分析，判断古代人类的性别、年龄、身高、健康状况等。从古代人骨中，我们能了解到古代人类的生活状况，他们的饮食结构、是否患有疾病、劳动强度如何等，这有助于还原古代社会的真实面貌。而且，通过研究不同时期、不同地区的人骨，能探索人类的演化过程，以及不同群体之间的迁徙和融合情况。

人骨的形态蕴含着丰富的信息，不同部位的骨骼形态差异，能反映出古代人类的生活习性和行为模式。比如粗壮的上肢骨骼，可能意味着这个人从事较多的体力劳动；某些特殊的骨骼病变形态，或许能揭示当时流行的疾病类型。对古代人骨形态的深入研究，能让我们更全面、更深入地了解古代人类世界。

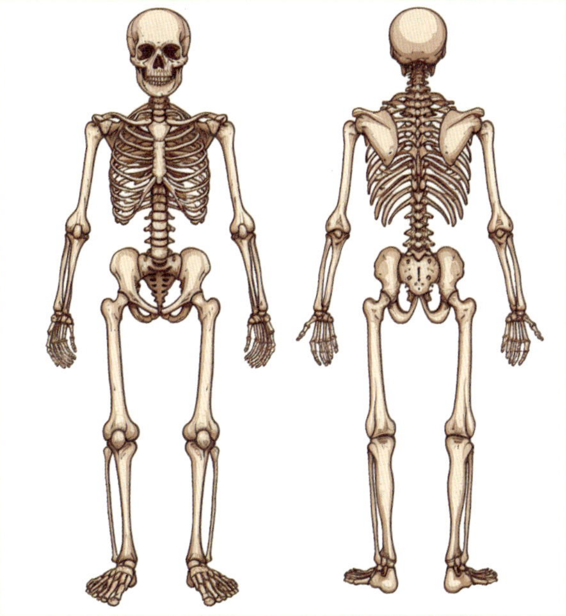

人骨

这是一副现代人类成年男性的骨骼。成人的骨骼通常由206块骨构成，主要分为颅骨、躯干骨以及四肢骨三大部分，每一部分都有着独特的作用和结构。

颅骨共29块，就像一个坚固的头盔，保护着我们最重要的大脑。其中脑颅骨8块，包括额骨、筛骨、蝶骨、枕骨各1块，颞骨、顶骨各2块，它们共同围成了容纳大脑的颅腔。面颅骨15块，包括上颌骨、鼻骨、泪骨、颧骨、腭骨、下鼻甲骨各2块，犁骨、下颌骨、舌骨各1块，它们构成了我们脸部的轮廓，决定了我们的容貌，还参与了呼吸、咀嚼等重要功能。另外，还有6块听小骨，虽然个头小，但在听觉中发挥着大作用。

躯干骨共51块。躯干骨是我们身体的中轴，起着支撑和保护内脏器官的关键作用。它包含椎骨26块，其中颈椎7块，让我们可以灵活地转动头部；胸椎12块，与1块胸骨和24块肋骨相连，共同组成胸廓，保护着胸腔内的心脏、肺等器官；腰椎5块，承受着上半身的重量；还有骶骨、尾骨各1块。

四肢骨共126块。上肢有64块，从肩膀的肩胛骨和锁骨各1对，到上臂的肱骨1对，再到前臂的尺骨和桡骨各1对，还有手腕的腕骨左右各8块，手掌的掌骨左右各5块，手指的指骨左右各14块，这些骨骼让我们的上肢能够完成各种精细的动作。下肢有62块，包括髋骨1对，它与骶骨组成骨盆，支撑着上半身；大腿的股骨1对，是人体最粗壮的骨头；小腿的胫骨和腓骨各1对；还有膝盖的髌骨1对，以及脚踝的跗骨左右各7块，脚掌的跖骨左右各5块，脚趾的趾骨左右各14块，它们让我们能够站立、行走、奔跑、跳跃。

骨骼身份证

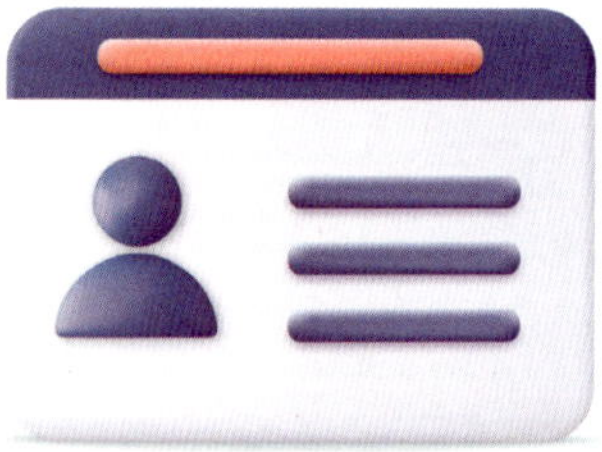

人骨考古研究者可以从一块块沉默的骨头中，推测出古人的性别、死亡年龄，像刷身份证一样，读取个体生命信息。当然，骨头也会撒谎，研究者需要综合多种证据，抽丝剥茧才能逼近真相。

性别鉴定

开展人骨考古学研究，一项重要的前期工作就是对人骨标本进行可靠的性别鉴定。在没有墓志铭的墓葬里，可根据墓主人的性别鉴定判断出土的各类生产工具或生活用品的使用者是女性还是男性。如果经研究发现墓葬年代处于史前时期，明确墓主人的性别，对我们理解当时社会处于母系氏族社会还是父系氏族社会有着极大的帮助。而且，人骨考古学研究成果若缺少准确的性别信息，很难计算出可靠的两性差异，只能视该人群为平均结果，这样一来，研究结果的准确性和意义就大打折扣了。那么，研究者们究竟该如何对骨骼进行性别鉴定呢？

其实，在很多情况下，骨骼性别鉴定并非难事。人体个别骨骼在形态和生理功能上，存在明显的两性差异，即所谓的两性异形。基于这些差异，对这些部位的骨骼进行性别鉴定准确率往往很高。但对于某些性别特征不显著的骨骼，想要准确鉴定性别就不那么容易了。同时，骨骼上的性别特征与人体内分泌活动中性激素的作用紧密相关。因为未成年人的骨骼还未发育成熟，受性激素影响较小，性别特征不明显，所以未成年骨骼的性别鉴定难度极大。

除了观察骨骼形态，现代科技也为性别鉴定提供了新手段。比如，通过分析骨骼中的 DNA，提取与性别相关的基因片段，能够更精准地判断性别。但这种方法对骨骼保存状况要求较高，且检测成本相对较高。

一般而言，人体骨骼的性别鉴定首先应以性别特征最为明显的骨盆作为主要依据，

Sex，not gender！性别的生理属性与社会属性。

在英文里，Sex 是指男女两性的所有生理差异；相比之下，Gender 是指特定人群中具有社会属性的男或女。

其次是颅骨（包括下颌骨），再次是其他骨骼。若将骨盆、颅骨（包括下颌骨）、其他骨骼综合考虑来进行性别鉴定，相关研究表明其准确率可高达 95% 以上。

青少年读者们，让我们来看看人骨考古工作者是如何来进行性别鉴定的吧。下面是人骨考古工作者填写的人骨标本鉴定卡。

人骨标本鉴定卡片			
记录者	小禹	记录日期	2019 年 6 月 28 日
遗址名称	内蒙古呼和浩特 2014NHD 墓地		
遗址年代	春秋战国时期		

墓号		M16	
性别	♂（√）♀（ ）	生理年龄	35—40 岁
性别鉴定依据			骨盆
骨盆入口			心形
髂骨			高而陡直
髂骨耳状关节面			与周围骨骼平齐
耻骨弓夹角			V 形
坐骨耻骨支			宽且圆钝
闭孔			卵圆形
髋臼			大且向前
骶骨形状			长而窄 明显弯曲

坐骨大切迹	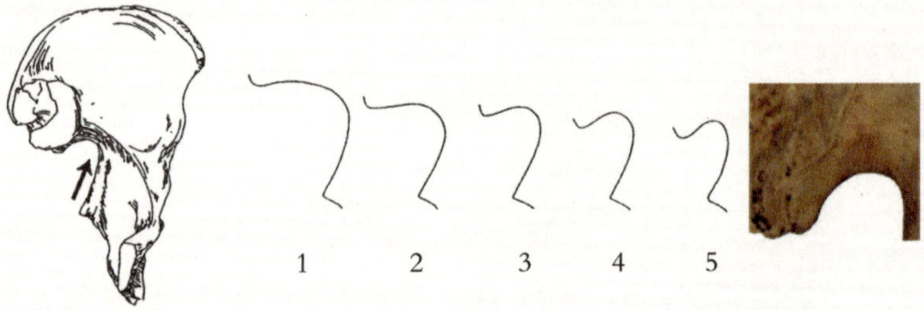	4
耳前沟	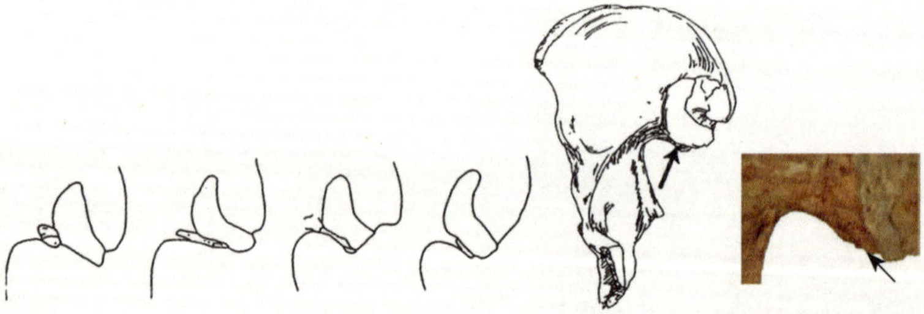	4
耻骨下支下缘	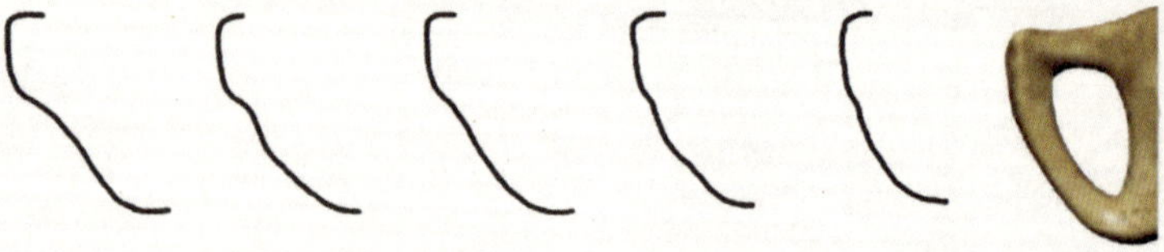	5
耻骨支移行部腹侧面	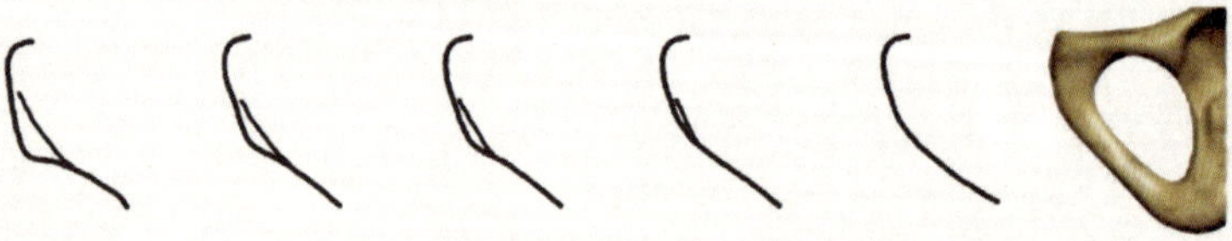	4
性别鉴定依据		颅骨

枕外隆突	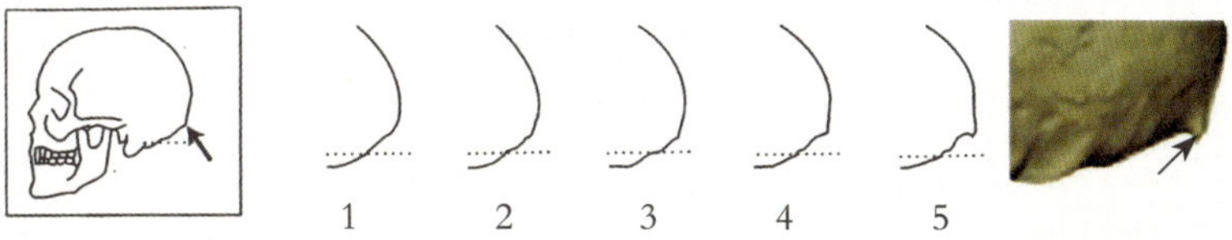	4
乳突	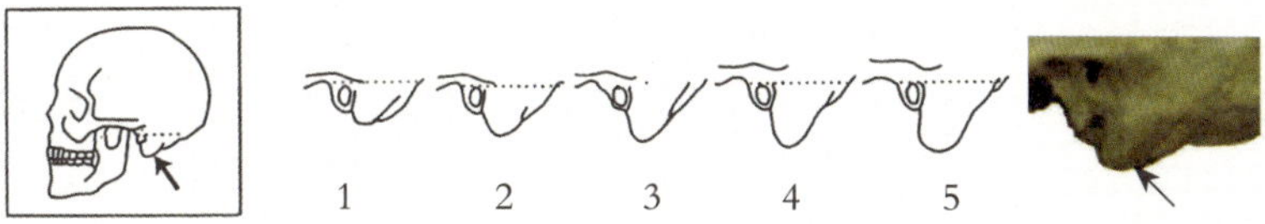	4
眶上缘	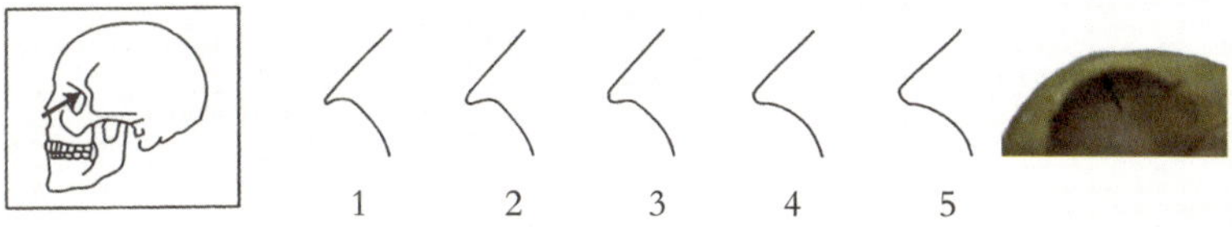	5
眉弓突度	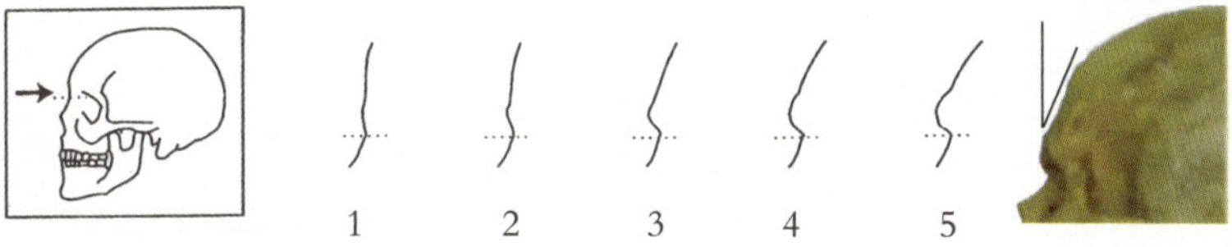	3

墓号		M17	
性别	♂（ ）♀（√）	生理年龄	25—30 岁
性别鉴定依据			骨盆
骨盆入口			圆形
髂骨			低而外张
髂骨耳状关节面			高于周围骨骼
耻骨弓夹角			宽 U 形

坐骨耻骨支		窄而薄锐
闭孔		近三角形
髋臼		小且略向外侧
骶骨形状		短而宽 曲度较小
坐骨大切迹	 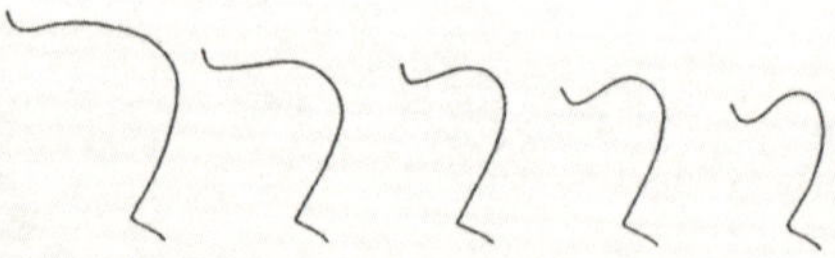 1 2 3 4 5 	1
耳前沟	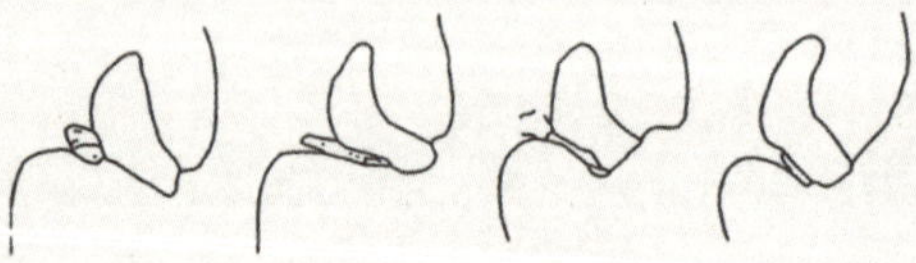 1 2 3 4  	1
耻骨下支下缘	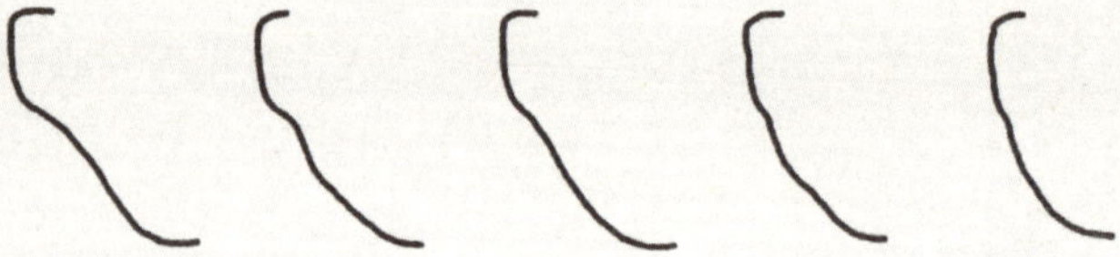 1 2 3 4 5 	2

耻骨支移行部腹侧面	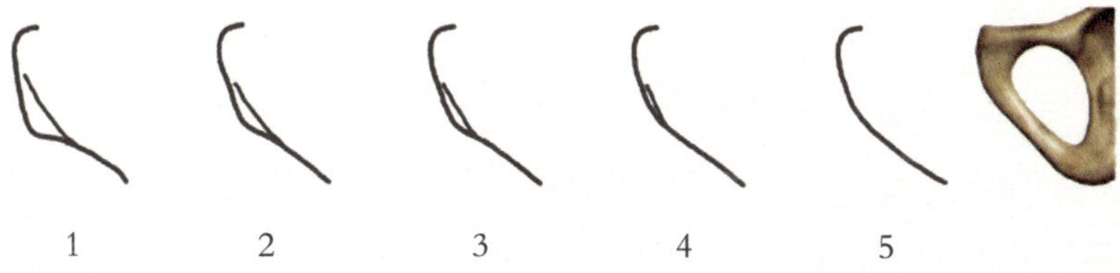	1
性别鉴定依据		颅骨
枕外隆突	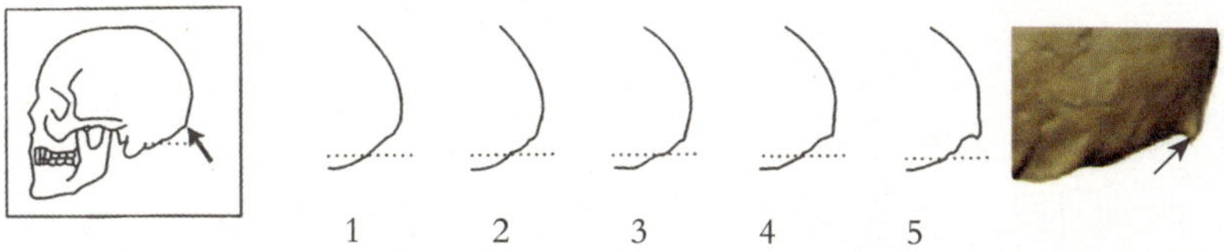	1
乳突	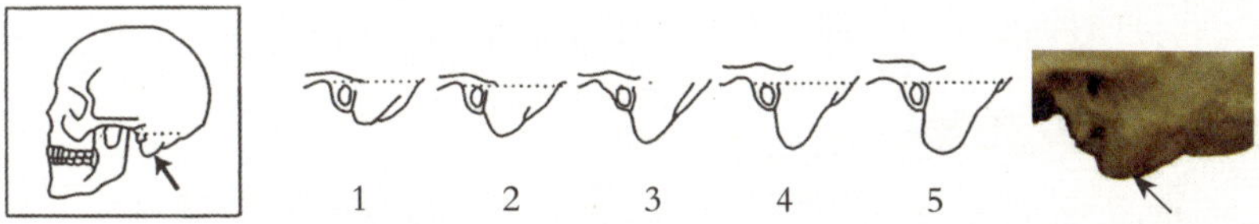	1
眶上缘	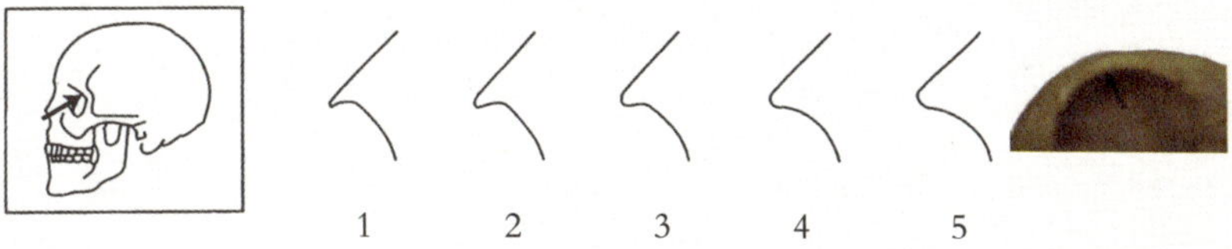	2
眉弓突度	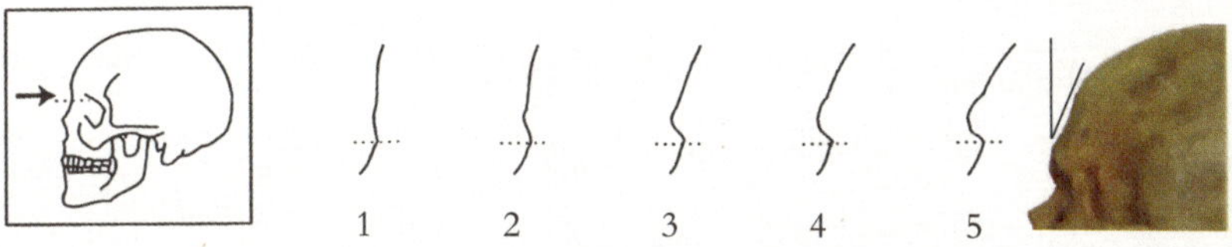	1

根据上面的两张人骨标本鉴定卡，我们可以对人骨性别差异进行总结：

◎骨盆形态的性别差异

在传统的认知里，人类骨盆之所以存在两性差异是因为男性和女性的骨盆功能不太一样。和男性相比，女性的骨盆除了要满足日常的各种活动需求，还肩负着一个特别重要的使命——保证分娩的时候宝宝能够顺利来到这个世界上。虽然这个理论曾经遭到过一些质疑，但骨盆的两性差异是很明显的——女性的骨盆要比男性的宽很多，且女性的骨盆入口形状接近圆形，而男性的骨盆相对更窄一些，骨盆入口的形状看起来像心形。女性的耻骨中部会向内延伸，形成了宽宽的 U 形耻骨弓夹角，而男性的耻骨弓夹角大多是窄窄的 V 形。

在这里要提醒大家，当研究者只能通过骨盆来鉴定性别的时候，不能只看某一个特征，而是要综合考虑骨盆的各个性状，最后得出一个全面的鉴定结果。要是大部分的性状都显示这是女性的特征，那么这个个体就可以判断为女性；反过来也是一样的道理，如果大部分性状都符合男性的特征，那这个个体就是男性。

◎颅骨形态的性别差异

一般来说，男性的颅骨偏大且粗壮，骨壁较厚，眉弓发达，眶上缘圆钝，前额倾斜，颧弓较粗，乳突和枕外隆突均较发达，下颌角小于 120° ，下颌角区常外翻，下颌支较宽；女性的颅骨较小且光滑，眉弓欠发达，眶上缘薄锐，前额陡直，颧弓偏细，乳突和枕外隆突均不发达，下颌角大于 125° ，下颌角区常内收，下颌支较窄。

除骨盆、颅骨之外，人体其他部位的一些骨骼也能反映出两性差异，例如男性的长骨比起同一人群的女性更为粗大、厚重，肌肉附着点更粗糙。因此，研究者在进行性别鉴定过程中，在综合骨盆和颅骨性别差异的基础上，对其他骨骼形态也会进行仔细观察，以有效提高鉴定准确率。另外，一些研究者还将具有性别差异的性状进行分级，再对分级结果统计分析，使用相关公式进行计算，根据所得值来鉴定性别。这种方法论的运用，使人骨性别鉴定更加具有科学性和严谨性。

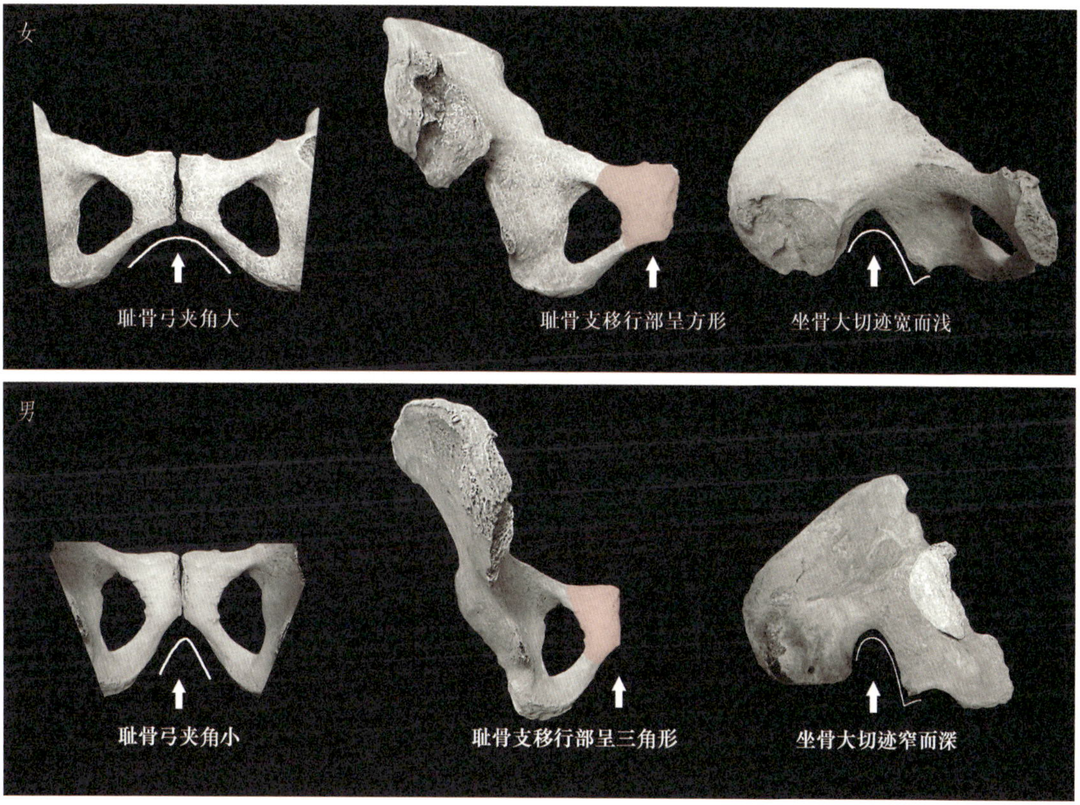

两性骨盆差异

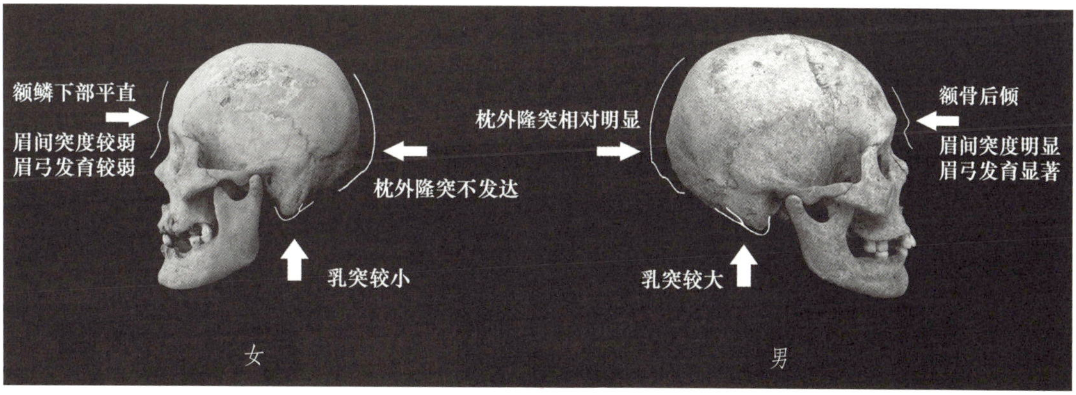

两性颅骨差异

侦探小贴士

下回参观博物馆时，可以玩“骨骼侦探”游戏：

1. 观察展柜中人骨的盆骨形状。
2. 猜测个体性别信息。
3. 查询资料验证推理是否正确。

分子生物学的发展为考古学研究注入了新动力，X、Y 染色体基因组覆盖度比例或牙釉质釉原蛋白多肽提取，为人骨性别鉴定提供了科学支撑。近年来，我国学者利用上述方法对保存较差或者未成年个体的性别进行了大量鉴定工作。

年龄估算

在人骨考古的研究领域中，确定骨骼所代表个体的死亡年龄，是至关重要的基础性工作。研究人员在深入探索各类考古问题时，需要依据不同年龄组展开分析。不同年龄分组之间，尤其是未成年组与成年组间，在骨骼的各项测量数据上存在显著差异，这些差异对研究结果有着关键影响。

骨骼随年龄产生变化的过程受到诸多因素的综合作用极为复杂。个体的发育阶段是最直接的影响因素，不同发育时期骨骼的生长和变化特征各不相同。营养摄入状况也起着重要作用，充足的营养能促进骨骼健康发育，而营养不良则可能导致骨骼发育迟缓或出现异常。生长环境同样不容忽视，例如长期处于恶劣环境中，可能使骨骼承受更多压力，从而影响其正常生长。日常行为活动，像体力劳动、运动习惯等，会使骨骼受到不同程度的刺激，进而在形态和结构上产生差异。健康状况更是直接关联着骨骼的质量，疾病可能导致骨骼病变，改变其原本的特征。

两个实际年龄完全相同的人，骨骼所呈现出的年龄特征可能大相径庭，这种由骨

知识链接

年龄解码手册：你的身体藏着双重时间密码

第一本护照：实际年龄

就像手机的系统时间，实际年龄是你与生俱来的“出厂编号”！

计算公式：今年 − 出生年 = 你的地球生存时长

经典案例：

皮皮鲁（1981 年出生）2025 年实际年龄 44 岁。

冷知识：树木的年轮和你的实际年龄一样诚实可靠。

第二本护照：生理年龄

这是你身体的“健康银行卡”，可以超前消费，也可以储存年轻！

神奇表现：

长期伏案工作会加速颈椎老化。

50 岁马拉松跑者可能拥有 35 岁的心脏。

骨骼告密者：

骨骺的愈合程度（骨龄检测）

骨密度数值（堪比混凝土质量检测）

牙齿磨损度（天然咀嚼计数器）

骼特征反映出来的年龄被称为生理年龄。反之，具有相似生理年龄特征的两个人，他们的实际年龄也可能存在差异。

鉴于以上情况，在缺乏文字记载等明确信息的考古场景中，研究人员无法仅凭借骨骼精准测定个体的实际年龄，但可以通过专业方法对生理年龄进行估算。

在对个体年龄估算时，针对未成年个体，研究者往往酌情参考乳牙和恒齿萌发的时间顺序、四肢长骨骨化点的出现及骨骺线的愈合时间来判别；针对成年个体，主要依据耻骨联合面的年龄变化、牙齿磨耗程度、颅骨骨缝愈合情况来分析。

目前，在进行年龄估算时主要采用两种方法表述：一是具体数字法。如 2 岁 ±，20—25 岁。二是年龄分期法。根据现代人类学研究中常用的阶段性年龄分期来表示，分为婴儿期（0—2 岁）、幼儿期（3—6 岁）、少年期（7—14 岁）、青年期（15—23 岁）、壮年期（24—35 岁）、中年期（36—55 岁）和老年期（56 岁以上）。

中国社会科学院考古研究所的王明辉，对青海民和喇家遗址出土的人骨标本做了性别和年龄的鉴定。在 5 座房屋遗址里，一共出土了 24 具人骨。其中，能判断出性别的有 13 具，7 具为男性，6 具为女性。因为里面有一些未成年人的骨头，所以有 11 具没法通过外形观察来判断性别。这些人的平均死亡年龄为 17—15 岁。在遗址另外的 18 个墓葬（或者灰坑）中，也出土了人骨，有 10 具为男性，4 具为女性，他们的平均死亡年龄在 26 岁。在喇家遗址的祭祀区，还出土了 10 具人骨，都是半岁左右的婴儿。

知识链接

对于那些没有办法估算年龄，仅能看出是否成年的个体，研究者用“未成年”或“成年”来表示，是否成年取决于骨骼的发育程度，属于生理年龄范畴，而现代社会的“未成年”的划分常常是依据实际年龄，例如《中华人民共和国民法典》第十七条规定：十八周岁以上的自然人为成年人。不满十八周岁的自然人为未成年人。

人骨鉴定日记

日期： 2018 年 5 月 10 日

遗址名称： 青海民和喇家遗址

鉴定者： 小伍

作为一名人骨考古学的研究生，今天我跟随我的导师一起对青海民和喇家遗址 F3 和 F4 两处房址里出土人骨进行了性别与年龄的现场鉴定。

（1）F3 房址 I 号个体

性别：女性

鉴定依据：骨盆入口为圆形，耻骨弓夹角为 U 形，坐骨耻骨支窄；颅骨较小，眉弓不发达，眶上缘薄，乳突不发达，枕外隆突不发达，下颌角为 130°，下颌角区内收。

年龄：35 岁左右

鉴定依据：骨骺全部愈合，32 颗牙齿完全萌出，且第一臼齿平均磨耗为 4 级（39—43 岁），即齿质点扩大，互相连成一片，第二臼齿平均磨耗为 3 级（36—40 岁），即齿尖大部分磨去，齿质点暴露；耻骨联合面为 7 期（31—34 岁），联合面开始下凹。背侧缘向后扩张，联合面开始呈卵圆形倾向。综合该人群整体的牙齿磨耗和耻骨联合面磨耗情况，牙齿磨耗情况偏重，应以耻骨联合面磨耗为准。

（2）F3 房址 Ⅱ 号个体

性别：现场无法判断

年龄：3—4 岁

鉴定依据：乳齿已经全部萌出，但恒齿尚未萌出，通过便携式 X 光机观察齿槽内的恒齿牙冠已形成。

（3）F4房址Ⅰ号个体

性别：男性

鉴定依据：骨盆粗壮、高而窄，坐骨大切迹窄而深，耻骨联合部较高，耻骨下角小；颅骨较大，眉弓发达，眶上缘圆钝，前额较倾斜，颧骨高而粗壮，乳突和枕外隆突均较发达，下颌角为119°，下颌角区外翻。

年龄：15—17岁

鉴定依据：四肢骨骺开始愈合，牙齿几乎没有磨耗；耻骨联合面为1期，隆嵴与沟明显，联合面的周缘无界限边缘。

……

在今天的实践中，我跟着导师温习了如何通过牙齿萌出的时间、磨耗程度以及骨骼生长发育的规律来推断年龄。这项工作要求我们具备细致的观察力和严谨的分析能力。今天的学习让我对人骨鉴定的复杂性和精确性有了更深的认识。

互动实验室

测测你的生理年龄：

· 能连续做10个标准波比跳 → -3岁

· 每天使用屏幕时间 > 8小时 → +5岁

下次体检时，记得问问医生：“我的骨骼年龄和实际年龄差几岁？”说不定会发现身体里的时空秘境！

根据上面这篇人骨鉴定日记，我们可以对人骨年龄鉴定方法进行总结：

◎未成年个体年龄估算

依据一：牙齿萌出时间

在针对未成年个体年龄的推断上，牙齿萌出情况提供了比较可靠的依据。牙齿萌出是指牙齿从齿冠露出齿龈到上下颌牙齿接触形成咬合的全部过程，其时间以齿冠冒出齿龈的时间为准。通常情况下，牙齿会随着年龄的增长，按照有序的、分侧别和上下颌的顺序逐一萌出，呈现出一定的规律，研究人员就可以借此规律来推断未成年个体的年龄。

人的一生共有两副牙齿，分别叫作乳齿和恒齿。

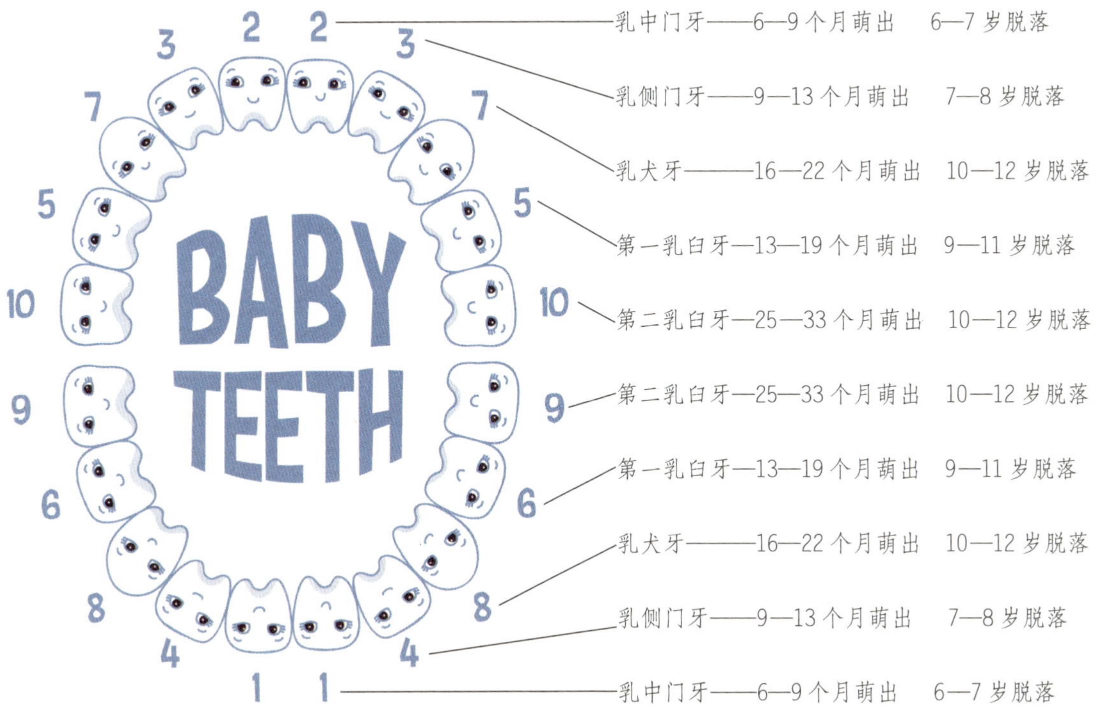

乳牙的萌出与脱落

乳牙作为人的第一副牙齿，共 20 颗，分别是左右侧的乳中门齿（也称乳中切牙）、乳侧门齿（也称乳侧切牙）、乳犬齿（也称乳尖牙）、第一乳臼齿（也称第一乳磨牙）、第二乳臼齿（也称第二乳磨牙），上下颌骨各 10 颗。婴儿出生后，长到 6—9 月龄之间，他的乳中门齿开始萌出，长到 3 岁时，他的 20 颗乳齿全部长齐，与此同时，在乳齿的下方，他的恒齿牙胚也在慢慢生长。

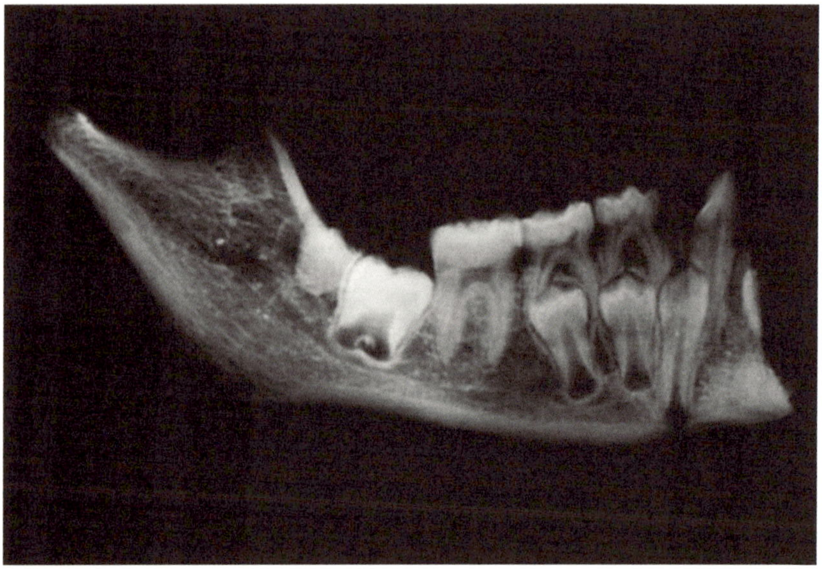

乳恒齿交替图

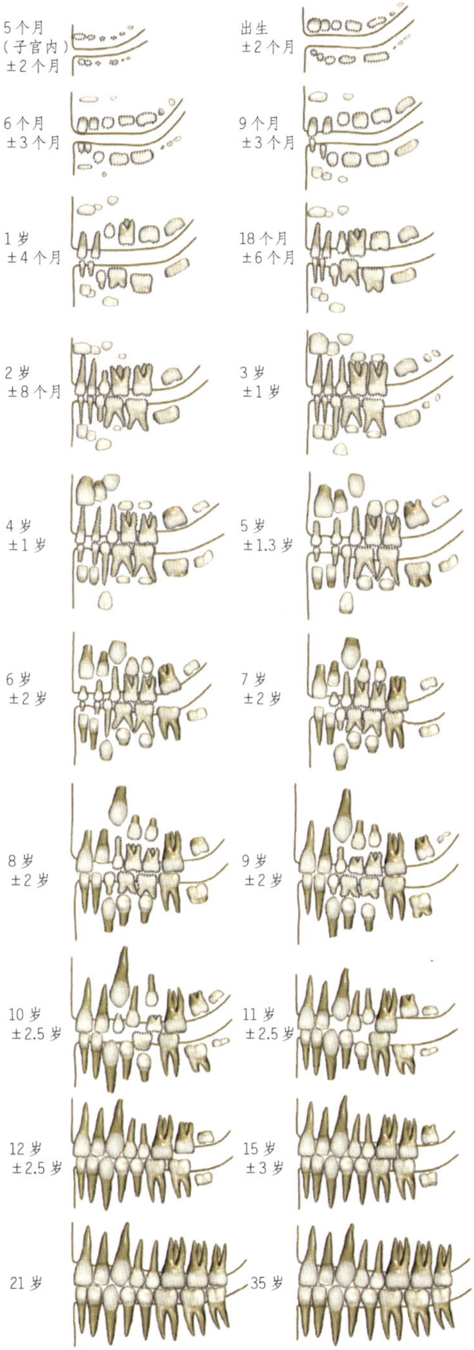
5个月
（子宫内）
±2个月
出生
±2个月
6个月
±3个月
9个月
±3个月
1岁
±4个月
18个月
±6个月
2岁
±8个月
3岁
±1岁
4岁
±1岁
5岁
±1.3岁
6岁
±2岁
7岁
±2岁
8岁
±2岁
9岁
±2岁
10岁
±2.5岁
11岁
±2.5岁
12岁
±2.5岁
15岁
±3岁
21岁
35岁

乳恒齿交替时间

恒齿是陪伴我们到老的牙齿，有 28—32 颗，包括 8 种，分别为门齿（也称中切牙）、侧门齿（也称侧切牙）、犬齿（也称尖牙）、第一前臼齿（也称第一前磨牙）、第二前臼齿（也称第二前磨牙）、第一臼齿（也称第一磨牙）、第二臼齿（也称第二磨牙）、第三臼齿（也称第三磨牙）。小朋友 6 岁左右，在第二乳臼齿的后方萌出第一颗恒齿，即第一臼齿。之后的几年，迫于恒齿萌出力的推动，乳齿根部逐渐被吸收、松动，并逐一脱落，同时恒齿相继萌出，除第三臼齿（也称智齿）外，恒齿完全萌出的时间大约需要 7 年。“恒齿逐一萌出、乳齿离开主人”的过程叫作乳恒齿交替，一般持续到 12 岁或 13 岁结束。依据乳恒齿交替规律，研究者可对相应年龄段的未成年个体进行年龄估算。第三臼齿的萌出时间因人而异，有些人一辈子都不会长。

依据二：骨化点的出现和骨骺的愈合

人的骨骼是由众多的骨化点发育、生长而成，最终形成成年人身上的 206 块骨头。骨化点出现、发育和消失以及骨骺发生愈合，整个过程都遵循着特定的时间顺序，这一规律成了骨骼上可靠的年龄标志。在实际鉴定工作中，我们常常以四肢骨作为主要观察对象。一般来说，四肢骨骨化点最早在胎龄 6 周时就开始出现，最晚到 20 岁时全部出现；而骨骺愈合则从 13 岁左右开始，一直持续到 25 岁左右才结束。当骨骺和干骺端完全骨化，会形成一条紧密的骨骺线。需要注意的是，营养条件、健康状况等多种因素，都会影响四肢骨骨化点的出现时间以及骨骺愈合的时间，所以不同个体之间存在一定差异。而且，男女两性在四肢骨骨化点的出现和骨骼愈合时间上也稍有不同，通常女性会比男性略早一些。

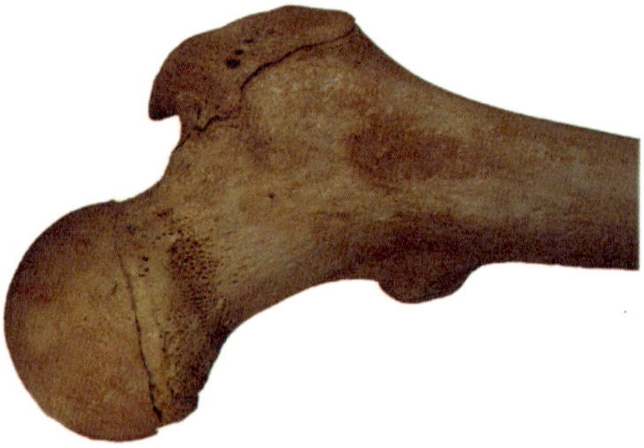

骨骺线

◎成年个体年龄估算

依据一：耻骨联合面的变化

我是耻骨，今天给大家介绍一下我身上一个超厉害的地方——耻骨联合面。

耻骨联合面，在我的上下支连接部分的内侧面，形状为长椭圆形或者卵圆形，上下长长的，前后窄窄的。由背侧缘、腹侧缘、上端、下端、腹侧斜面组成。因为我所处的这个位置比较特殊，很少受到其他因素的干扰，当人类进入青春期后，我的耻骨

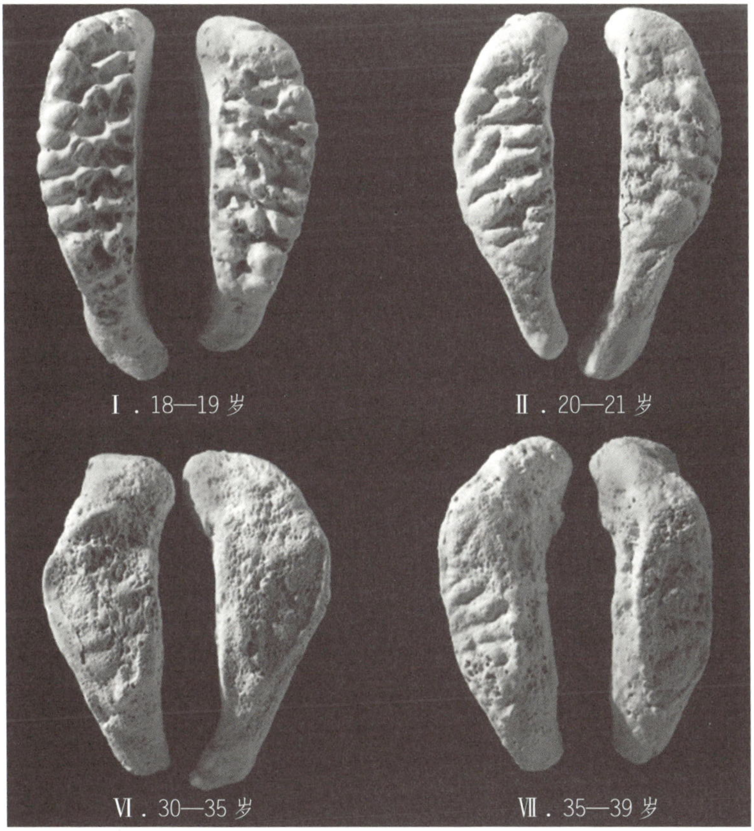

耻骨联合面图

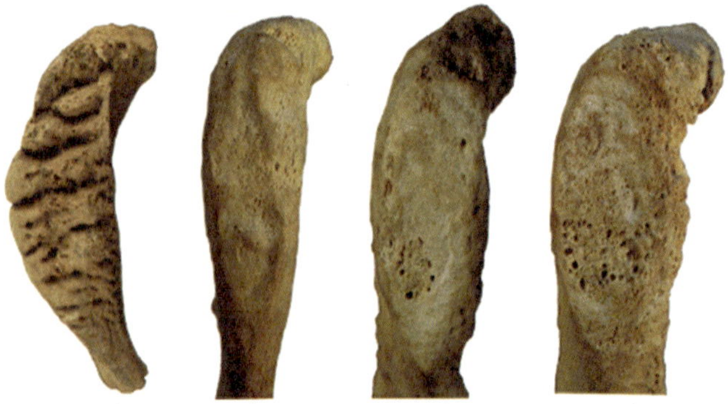

耻骨联合面图

联合面就开始悄悄发生变化，随着年龄一年又一年地增长，它的形态会按照一定的规律改变，就好像在写一本只有考古学家能读懂的密文。

考古学家发现了耻骨联合面，通过观察破解密文就能估算出人类小伙伴们的年龄。这可是目前最好的骨骼年龄鉴定方法之一！所以，耻骨联合面虽然小小的，但是作用可大啦！

依据二：牙齿的磨耗程度

在日常生活里，牙齿会和其他牙齿、食物，还有进入口腔的别的东西发生摩擦，这就会造成磨耗。一般情况下，人类牙齿的磨耗程度会随着年龄增大而越来越严重。但这并不只和年龄有关，还有好多其他因素在起作用，比如说，经常吃粗糙、坚硬食物的人，牙齿磨耗程度比同龄人严重；同一个人，经常用来咬合的牙齿，像后部的牙齿，会磨耗得更厉害，不怎么用的牙齿磨耗就比较轻；萌出得早的牙齿，比如第一臼齿，它的磨耗程度就大于萌出晚的牙齿；还有一些特殊的用牙习惯、职业、习俗和疾病，也会让牙齿过度磨耗。

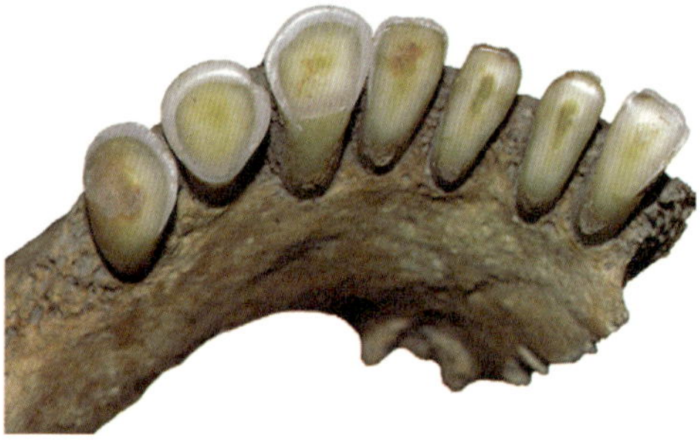

牙齿磨耗

所以，考古学家们要是只靠牙齿磨耗来估算年龄，结果往往会有些误差。这时候，就需要把耻骨联合面估算的结果拿出来，一起对比校正。举个例子，要是根据耻骨联合面估算出一个人的年龄在 30—35 岁，可根据牙齿磨耗估算出来是 35—40 岁，差了 5 岁。对这个人所在的人群做多次这样的对比，每次都差 5 岁，那以后仅靠牙齿磨耗去估算这个人群里其他人的年龄时，最终结果应酌情减少 5 岁。

以上是我国研究者常用的估算年龄的主要依据。其实自 19 世纪末开始，国际学术界一直在不断改进针对成年人年龄的估算方法。20 世纪末，瑞典学者杰斯帕 · 博德森等提出了“转换分析法”，通过综合记录骨骼上的多项年龄特征，利用贝叶斯定理和最大似然法进行年龄的计算，这使得年龄的估算从传统的主观观察转换成科学的统计学研究。

喇家遗址 F3 出土人骨

根据喇家遗址 F3 和 F4 房址出土人骨的线粒体 DNA 数据，并结合考古学及人骨考古学分析，这些古代居民中某些个体可能是母子，某些个体可能是姑侄，某些个体之间可能并无亲缘关系。在 F3 中一具女性个体怀里抱着婴儿绝望地仰面朝天，一直被解读是母亲在危难关头保护着自己的孩子，彰显着母爱的伟大。然而古 DNA 数据显示她们并非母子关系。那么这位女性怀里至死保护的孩子又是谁呢？恐怕只有等待更多的 DNA 数据的公布才能揭晓。

骨骼家族树

在我国的人骨考古学研究中，最常看到的就是对古代人骨颅面形态特征的观察和测量。颅面部分就是人们脸部骨骼的这一片区域。考古学家们仔细观察颅面形状、大小，测量各种数据，通过这些观察和测量开展古代人群的人种学研究。这里说的"人种"，并不是简单的分类，而是指在特定区域里，经过很长时间发展，拥有共同遗传体质特征的一群人。比如说，有的人群眼睛形状、肤色、头发质地这些特征都很相似，这就是一种遗传体质特征的表现。

考古学家在描述人种的地理分布时，有个特别的时间界限。他们通常把下限设定在欧洲大航海时代之前，也就是 15 世纪初期到 16 世纪之前。因为在那之后，世界不同地区的人交流越来越多，人种之间相互融合、变化，就很难单纯从颅面形态特征去判断原本的人种分布。所以，研究颅面形态特征，能帮考古学家了解很久以前不同地区的人们到底有着怎样的遗传特征和分布情况。

根据《中国大百科全书》的定义，人种学是研究现代人种的划分、起源、演化、分布区域、体质特征及其与自然环境、生活方式的关系的学科。1775 年德国人类学家约翰·弗里德里希·布鲁门巴赫所著《人种的自然起源》一书的出版标志着人种学的建立。当今人种学研究主要包括以下三个方面：

第一，人种分类。在当今世界，人类的各种体质特征是在人类漫长的形成和发展过程中，被自然环境、社会发展等复杂因素共同影响而形成的。所以能用来给人种分类的依据特别多。有些特征，一眼就能看到，比如皮肤的颜色、头发的形状和颜色、眼睛的颜色等。有些特征需要观察骨骼才能获得，比如颅面形态特征。颅面形态特征的学问可大了，眉弓、鼻前棘、犬齿窝的发达程度，能透露很多信息；下颚圆枕、印加骨、铲形门齿出现的情况，也都是很重要的分类依据。这些依据必须满足三个条件才能被使用：首先得能遗传，爸爸妈妈有这个特征，孩子大概率也有；其次受外界环境影响小，不管生活在寒冷还是炎热的地方，这个特征基本不变；最后就是性别年龄差异不明显，不管是男生还是女生，小孩还是大人，这个特征都差不多。

知识链接

人种与物种的关系

人种和物种属于不同的层次。科学家为了更好地认识各种各样的生物，用一套分类方法，给生物安排了一个超有序的“大家庭”。这个“大家庭”从大到小依次是域、界、门、纲、目、科、属、种。比如说，我们常见的小猫、小狗，它们就属于不同的“种”。

那“种”到底是什么呢？简单来说，“种”也就是物种，是指形态上超级相似的一群动物或者植物。它们内部的成员之间可以正常地“交朋友”（交配），还能生出同样具有“交朋友”能力（生殖能力）的后代。

在生物学里，生活在地球上各个角落的人类其实都属于同一个物种，这个物种的名字叫智人种。我们虽然有着不同的肤色、长相和生活习惯，但本质上都是一家人。

如果再仔细划分，人类还能分成不同的“小家庭”，也就是“亚种”。“亚种”一般是因为生活在不同地方的人类种群慢慢出现了地理上的分化，他们有自己独特的区域特征，生活在特定的分布范围里。这么看来，我们之前提到的“人种”，其实就可以理解为是智人种下的“亚种”。就像亚洲人、欧洲人、非洲人，他们有着各自的特点。

知识链接

人种和民族的区别

人种和民族，虽然都和人群分类有关，但它们属于两个完全不同的概念。“民族”是指在历史渊源、生产方式、语言、文化、风俗习惯以及心理认同等方面具有共同特征的一群人。比如说，大家都讲同一种语言，一起传承着相同的节日、习俗，还有独特的历史故事。而且同一民族里的人，体质特征可以不一样，它主要是从人的社会文化属性来界定的。像我国是统一的多民族国家，有着丰富多彩的文化，是五十六个民族共同组成的大家庭，大家的外貌、肤色等体质特征各有不同。

而“人种”，就像我们之前说的，是按照人的自然生物属性来划分的。比如根据肤色、毛发、眼睛等这些生理特征，把人类分成不同人种。

简单来讲，同一人种可以由一个或者多个民族的人群组成。举个例子，白色人种里，就有法兰西民族、日耳曼民族等好多不同民族。反过来，同一民族也能由不同人种组成。在一些历史发展过程中，因为各种原因，不同人种的人慢慢融合在一起，形成了一个民族。

最早给全世界人种分类的人是瑞典生物学家卡尔·冯·林奈。1735 年，他把世界各地的人类都归到智人种里，然后又根据肤色还有地理分布等差异把智人种划分成了四个地理亚种。从那以后，大家对人种分类就有了更系统的认识。

第二，人种的体质特征。人种之间存在体质特征的差异。科学家研究这些差异的时候，可不光是看外表形态，还得结合遗传学方面的证据。遗传学就像是一本记录人类遗传信息的字典，里面有与人种差异相关的所有知识。人骨考古学家找到古人类化石、古代人骨标本，会仔细观察和测量颅面形态特征。同时，他们还会进行基因组学研究，就是研究人类基因的组成和功能，看看不同人种的基因有啥不一样。做完这些研究后，人骨考古学家会把这些古代人类的数据和现在的人类进行对比分析。他们会使用生物距离分析等方法来探索这些体质特征背后不同人种之间的源流关系。比如说，看看某个地区的人种的特征是怎么一步步演变而成的。

第三，人与环境的关系。人类体质特征的形成，环境因素功不可没。人骨考古学研究通过观察不同时间和空间里人群骨骼的形态差异，能进一步探讨人类进化和环境之间的深层关系。以我们每天都在使用的鼻腔为例，鼻腔有着适应空气温度和湿度的强大功能，生活在高纬度寒冷地带的人们，为了不让吸入的冷空气刺激到气管和肺部，他们的鼻子慢慢进化成了高大且细长的模样。这样一来，冷空气进入鼻腔就像走进了一个温暖湿润的小房间，会被充分预热和温润，然后再安全地进入身体内部。生活在温暖地区的人们不需要额外的预热功能，所以就不用进化出又高又窄的鼻子啦。再看看生活在热带地区的人们，那里气候高温潮湿，为了有助于散热降温，他们的鼻子就进化成了扁平的形状。

知识链接

你知道人类还有哪些外观差异与适应环境有关吗？

为什么生活在不同地方的人，肤色会有很大差别呢？其实，不同人群的肤色，最初是他们的祖先为了适应自然环境慢慢形成的。通常来说，纬度越低，人的肤色就越深。也就是说，当人类祖先从低纬度向高纬度地区迁移时，他们的皮肤也在悄悄发生着从深到浅的变化。

这背后的原理是什么呢？我们肤色的深浅，是由皮肤中的黑色素含量决定的，黑色素越多，我们的肤色就越深。黑色素就像一个神奇的小卫士，有吸收日光中紫外线的能力，能很好地保护我们的皮肤。而且紫外线也会刺激皮肤中的黑色素细胞，让它们产生更多黑色素。

紫外线对人类来说，是一把双刃剑。一方面，它能促进维生素 D 的合成，帮助我们提高免疫力；但另一方面，如果皮肤吸收了过量的紫外线，就会导致人体细胞死亡。在低纬度地区，比如赤道附近，太阳高高挂在天空，高度角很大，太阳辐射穿过大气层的路程很短，大气对它的削弱作用也就很弱。所以，这里的太阳辐射特别强，光照充足又强烈。生活在这些地方的人，为了保护自己不被紫外线伤害，皮肤就会产生较多的黑色素。而在北欧等阳光稀少的地区，情况就不一样啦。这里的居民皮肤中的黑色素极少，进化出了偏浅的肤色。这样一来，他们的皮肤就能更好地吸收稀少的紫外线。

随着时代的发展，人们的流动越来越频繁，不同地区的人相互融合、通婚。在现代社会，世界各地人类的肤色变得丰富多样，不再像以前那样，和纬度有着严格的对应关系。

世界人种的划分

在人类进化的初期，自然环境对我们的影响至关重要。随着生产力快速发展，人类可以改造自然环境，就不再需要靠改变身体来适应环境了。人类同属一个物种，不存在生殖隔离，从人类进化之时起，不同人群之间的融合和基因交流就已经开始了。因而可以预见，随着人类文明不断进步，交流越来越频繁，不同人种之间的体质差异终将消失。

目前，研究者依然使用世界人种的方法进行研究，但进行分类的方法不止一种。目前较为常见的不是前文曾提到 1735 年由林奈提出的四分法，而是三分法。三分法把世界人群分成了蒙古人种、欧罗巴人种和尼格罗－澳大利亚人种；每一个人种又进一步细分成若干亚类型；在主要人种之间存在着一些有着混合人种的特征的过渡类

型。通过对这些人种和类型的研究，我们能更好地了解人类的多样性和发展历程。

◎**蒙古人种**，也称作亚美人种，主要分布在东亚、东南亚、中亚、北亚和美洲等地，在划分的三大人种中，人口数量较多。蒙古人种的主要体质特征包括：肤色淡黄，多为黑色直发，眼色多呈褐色或黑色，胡须、体毛不发达。面部扁平度大，颧骨明显突出，脸部宽大。眼裂多较狭窄，内眦皱褶和上眼睑的出现频率较高，鼻宽度中等，鼻根通常比较低矮或中等，唇厚中等。在颅骨形态特征上，蒙古人种通常具有很大的鼻颧角，反映出他们的上面部在水平方向上相当扁平。颧骨比较高、宽，颧骨上颌骨下缘处有一个比较明显的转折。鼻根点凹陷不明显，鼻前棘和犬齿窝发育较弱。矢状嵴、下颌圆枕和铲形门齿的出现率偏高。根据某些体质特征的差异又可进一步将蒙古人种划分为五个亚类：东亚人种、南亚人种、北亚人种、东北亚人种和美洲人种。

蒙古人种

◎欧罗巴人种，也称作欧亚人种或高加索人种，在欧洲新航路开辟以前，主要分布于欧洲、西亚、南亚、北非等地。现在分布范围很广，在美洲和大洋洲的人口中占很大比例。欧罗巴人种的主要体质特征包括：肤色差异较大，由极浅到很深者均有。发色变异范围也很大，从很浅的金黄色、亚麻色、灰色到较深的火红色、黑色者皆有，发形多为直发或波发。眼色中天蓝色、浅绿色等浅色调者占一定比例，但也有黑褐色等深色调者。胡须、体毛发达。面部扁平度较小，颧骨不突出，眼眶略显凹陷，内眦皱褶欠发达。鼻根很高，鼻型狭窄，鼻部显著向前突出，鼻孔的纵径明显大于横径。嘴唇较薄。在颅骨形态特征上，欧罗巴人种通常颧骨比较低、窄，颧骨上颌下缘缺乏明显的转折处。鼻根点凹陷常常很深。鼻前棘多很发达。眉弓发育显著，犬齿窝多半较深。具有高而狭窄的梨状孔、鼻指数小或中等。又可进一步将欧罗巴人种划分为五

互动实验室

用手机闪光灯照鼻梁，在地面投出的阴影可能藏着你的基因族谱！

欧罗巴人种

个亚类：大西洋 - 波罗的海人种、中欧人种、印度 - 地中海人种、白海 - 波罗的海人种和巴尔干 - 高加索人种。

◎尼格罗 - 澳大利亚人种，也称作赤道人种，主要分布于大洋洲，撒哈拉以南的非洲地区，南亚南部地区，以及东南亚的一些岛屿。尼格罗 - 澳大利亚人种的主要体质特征包括：肤色多呈黑色、红褐色等深色调，黑色波发或卷发，眼色多呈黑褐色。面部比较狭窄且低矮。眼裂很大。鼻型较为宽阔，鼻根低矮或中等，嘴唇很厚，往往向前突出并外翻。在颅骨形态特征上，尼格罗 - 澳大利亚人种多为中长颅型，垂直颅面指数普遍较小，低眶、鼻指数较大。又可进一步将尼格罗 - 澳大利亚人种划分为澳大利亚人种、维达人种、美拉尼西亚人种、尼格利陀人种、尼格罗人种和俾格米人种等亚类。

尼格罗 - 澳大利亚人种

◎过渡类型人种，过渡类型人种有很多，择要介绍几个具有代表性的。

千岛人种，又称作阿伊努人种。阿伊努人是东北亚地区的一个古老的原住民族，在旧石器时代末期至新石器时代早期曾广泛分布于日本列岛，目前主要居住在日本北海道。

波利尼西亚人种，是分布于大洋洲东部波利尼西亚群岛的原住民族，包括毛利人、萨摩亚人、汤加人、图瓦卢人、夏威夷人、塔希提人、托克劳人、库克岛人、瓦利斯人、纽埃人和复活节岛人等十余个支系。根据古 DNA 研究发现，波利尼西亚人种的常染色体基因平均 79% 来自东亚地区。

南西伯利亚人种，又称作图兰人种，主要分布在中亚、南西伯利亚及其邻近地区。南西伯利亚人种的形成过程漫长且复杂，古代的月氏人、乌孙人、鞑靼人、突厥人、阿拉伯人和蒙古人都对其产生过重要的影响。今天哈萨克人和吉尔吉斯人可以作为该人种的典型代表。

南印度人种，又称作达罗毗荼人种，是主要分布于印度半岛南部地区的原住民族。有研究推测他们是印度河流域早期文明的创造者，因雅利安人征服了印度北部地区，才导致达罗毗荼人被迫南迁。

随着现代科学技术的迅速发展，人们之间的时空距离越来越小，人群迁徙、融合的规模与频率日益增大，当今世界具有混血性质的人群越来越多，由此可以预见未来各人种之间的界限将会越来越模糊。

我国古代居民的人种类型

我国幅员辽阔、人口众多，自古以来就是一个统一的多民族国家。各民族共同开拓了祖国的广袤疆域，共同创造了中华民族的灿烂文化。统一多民族国家形成的原因众多，而遗传基因的同源性是重要因素之一，人类骨骼考古学研究表明，在我国古今各民族中，除个别少数民族混有部分欧罗巴人种成分外，维护中华民族繁衍生息的重要遗传学基础皆是蒙古人种。由此可知，人种成分的相对稳定是中华民族多元一体化格局形成的重要保障。

旧石器时代

在 20 世纪初，德国人类学家魏敦瑞在研究北京周口店出土的猿人化石时，有了一个惊人的发现。他发现这些猿人化石的体质特征和蒙古人种特别接近，于是大胆地提出了一个推断：中国猿人有可能是蒙古人的祖先！这就像是在历史的长河里找到了一条神秘的线索，把远古的猿人和现代的人种联系了起来。

古人类学者经过不断研究发现，在旧石器时代晚期的智人阶段，中国境内已经出现了区域性人种类型的分化倾向。比如，北京周口店山顶洞人的化石上的若干人种特征和蒙古人种的北方类型以及美洲类型很相似；而广西柳江人颅骨上的一些特点则更偏向蒙古人种的南亚类型。这就说明那个时候的中国大地不同地区的人们已经开始展现出自己独特的“人种小标签”啦。

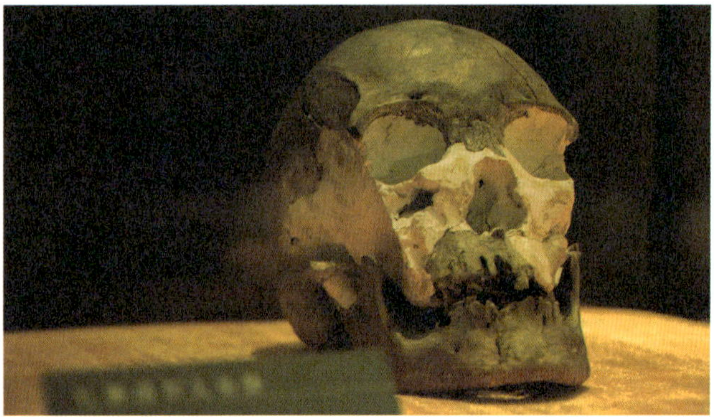

扎赉诺尔人颅骨

随着更新世最后一个冰期结束，地球进入了全新世。气候逐渐转暖使人类的生存空间变得更大，社会生产力的发展使人类的生活条件得到改善，人口数量就一下子多了起来。在内蒙古呼伦贝尔的满洲里地区，人们发现了扎赉诺尔人的颅骨。碳十四测年结果证明他生活在约 1 万年前。这个扎赉诺尔人低颅、面部扁平的颅骨性状显示出他已经具备了很明显的蒙古人种北亚类型特征。这一发现证明了从旧石器时代晚期就存在的南北人群颅面形态差异在后来进一步分化了。

新石器时代

我国新石器时代的人骨材料比较丰富，多数集中在黄河流域、长江中下游和部分南方沿海地区，上述地区的新石器时代考古工作开展时间较长、遗址分布密集。

生活在黄河上游甘青地区的马家窑文化、半山文化、马厂文化和齐家文化居民的人骨在颅面形态特征上没有明显差异，都属于同一个种族类型，具有较高、较狭而中等偏长的颅型，高而狭的面型，中等宽度的鼻型和中眶型及中等面部扁平度，与蒙古人种中的东亚类型最为相似。

生活在黄河中游地区渭河流域的仰韶文化居民及生活在黄河下游地区山东南部、江苏北部等地大汶口文化居民，他们的颅骨形态基本可以归入一大类，同时二者之间又略有差异。仰韶文化居民一般具有高而偏狭的颅型，中等的面宽和面高，较低矮的眼眶和较宽阔的鼻子。这些特征使他们与蒙古人种南亚类型更为接近。而大汶口文化居民在个别颅骨形态上，如面部较高且宽等，似乎更接近蒙古人种东亚类型。同时他们还伴有使枕部变得扁平和人工拔除牙齿的特殊习俗。但总体来看，仰韶文化和大汶口文化居民在种系类型的划分上应属于一个大的类型，很难将他们截然分开，他们与蒙古人种的南亚类型、东亚类型均比较接近。

与北方地区相比，我国南方地区新石器时代的人骨材料比较缺乏，主要发现于江苏、浙江、福建、广东、广西境内。此外，江汉平原和三峡地区也偶有发现。这些地区出土的古代人骨标本一般都具有较长的颅型，扁平而又宽阔的鼻子，低矮而且明显向前突出的面部以及较低的眼眶。这些特点与蒙古人种南亚类型比较相似。

经过对目前已发现的古代人骨的初步研究，吉林大学的朱泓教授有了一个很重要的发现：我国境内新石器时代以后的古代居民可以划分成六个基本的古代人种类型：第一个是生活在黄河中下游地区的古中原类型，第二个是生活在东北地区的古东北类型，第三个是生活在内蒙古长城地带的古华北类型，第四个是生活在黄河流域上游地区的古西北类型，第五个是生活在东南沿海地带的古华南类型，第六个是生活在蒙古高原地区的古蒙古高原类型。

对不同的人种类型进行研究让我们对古代中国居民的多样性有了更清晰的认识。中国社会科学院考古研究所的王明辉对青海喇家遗址出土的人骨标本进行了人种学研究，发现其所属人群属于古西北类型。每一次这样的研究成果，都让我们更清楚地知道，在很久以前，我们的祖先们有

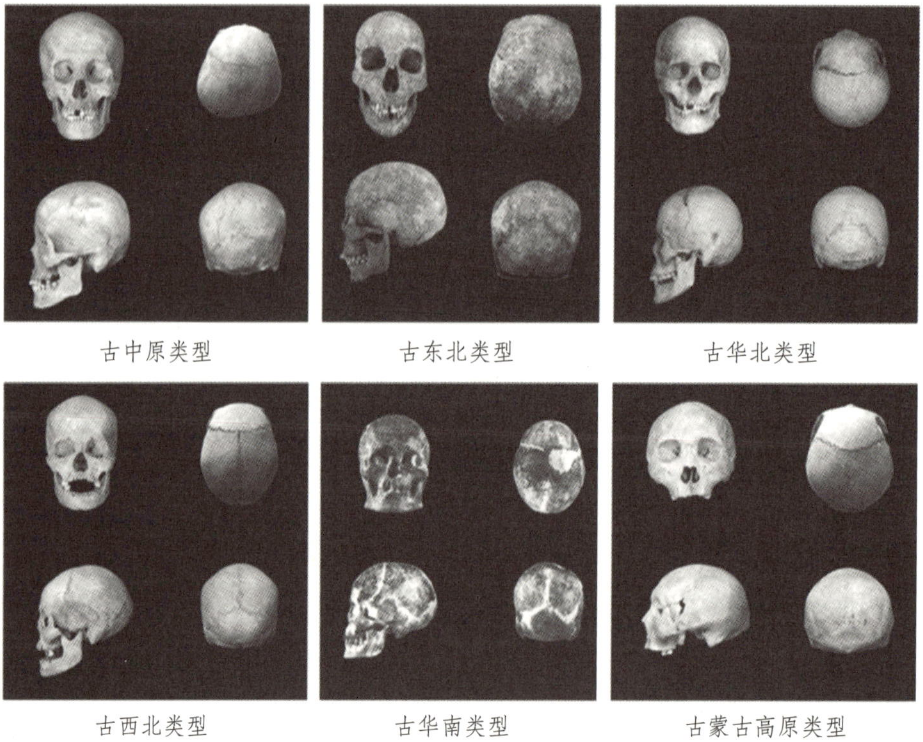

中国六个古代人种类型

着怎样的特征，他们在不同的地方过着怎样的生活。

夏商周时期

夏商周时期，尤其是东周时期，人群间大规模的频繁迁徙与融合使中国古代人群的基因重组、体质形态发生改变。

研究者根据对山西襄汾陶寺遗址出土的人骨初步观察，可知其形态特征大致为：偏长的中颅型，头高值普遍较大，面高中等，面部较宽，眶型偏低和中鼻型。这些特点显示出陶寺居民与蒙古人种东亚类型体质相近。虽然我们目前还不能完全肯定陶寺遗存就一定是夏人的遗存，但既然陶寺遗存的年代已进入了夏纪年，又处于晋西南这片地域上，那么陶寺居民的人类学特征无疑为我们探索夏人的种族类型问题提供了一条重要的线索。

二里头遗址

研究者针对夏文化典型遗址——河南洛阳偃师二里头遗址出土人骨进行分析后发现，长眠于该遗址的人群来源是比较多元的。多数人的体质特征属于先秦时期黄河中下游地区主体的古中原类型。这种体质特征可能来源于中原地区的龙山文化人群。同时，他们与商周时期人群具有密切的联系。在遗址中也能发现少量来自黄河上游、黄河下游、长江流域和北方地区古代居民的人群，如高颅狭面的古西北类型人群和低面阔鼻的南方人群等。初步的古 DNA 研究显示，二里头人群与东亚人群非常接近，与现代山西、河南、山东等黄河中下游地区的汉族人群有较近的遗传关系。

偃师商城也位于河南洛阳，是商代早期的重要都城。对该遗址出土的人骨进行研究发现，该遗址的古代人群主体仍属于古中原类型，这种体质特征的人群在史前至汉代一直是中原地区古代人群的主要体质类型，他们应该是中原先秦两汉时期的原住民，代表了当时中原地区古代居民的主要体质特征。偃师商城古代人群古 DNA 分析显示该人群主要与东亚人群接近，尤其是东亚东部和中国北方汉族。

殷墟遗址中出土的商代人类学资料大体上可分为两类：一类采集自西北岗商代王陵附近众多的祭祀坑，一类采集自中小型墓葬。祭祀坑中死者的身份属于商王在祭祀先祖时所杀的人牲，他们中的绝大多数应是商王在征伐四方时虏获的异族战俘，故来源比较复杂。殷墟绝大多数的中小型墓葬出土的人骨颅面形态特征颇为一致，他们所具有的中颅、高颅和狭颅的特点及较窄的面宽和中等的上面部扁平等，与现代蒙古人种东亚类型最相近似。中小型墓葬中还有另一些颅骨的形态特征比较特殊，他们呈现出类似现代蒙古人种北亚类型和东亚类型相混合的性状。在我国目前发现的先秦时期古人种学资料中，这种带有蒙古人种北亚类型体质因素的居民一般都分布在长城沿线及其以北的华北和东北地区，而在黄河流域中下游一带商代以前的原始居民中却缺少此类型的种系成分。考古学证据表明他们生前的社会地位比一般平民要高，可能是受封的贵族，与王族关系密切，或者他们本身就是王族的成员。这种类型的种系成分同样还存在于河北藁城台西遗址的商代居民之中。

学界关于周人的起源众说纷纭，人骨考古学研究表明先周人群与晋南有密切的关

偃师商城

殷墟遗址

系，同时与陕北地区人群也有较近的关系。在西周稳定的社会结构下，生活着颅面形态特征不同的人群，其中以古中原类型为主，该类型人口四散，西至河西走廊，南至湘鄂，北至内蒙古。人骨考古学研究表明，楚国贵族与当地人口的身体特征不同，他们可能是在分封后从中原迁移过来的。这种大规模移民促进了文化交流和繁荣，为形成统一的中国奠定了基础。山西上马墓地西周到春秋战国时期人群的体质类型主要与蒙古人种东亚类型接近，但也包括某些北方或南方蒙古人种因素，显示该人群与生活在同一地区的前期居民在体质上存在延续的关系，但可能已融合了某些来自北方地区居民及少量南方移民的遗传基因。

周原遗址

西周晚期周人势力开始衰落，公元前 770 年“平王东迁”标志着西周王朝的结束。当时，大量的来自北方、西北地区的人群涌入中原，改变了当时中原人群以古中原类型为主要颅面形态特征的现状，经考古研究发现，这些不同的人群在发生冲突的同时也能够做到和平共处。如：内蒙古桃红巴拉、崞县窑子墓地先民与蒙古人种北亚类型近似；内蒙古毛庆沟、饮牛沟等墓地先民与蒙古人种东亚类型近似。在河北行唐故郡、宣化白庙遗址中，考古学家发现了两组不同生业模式和文化习俗的古代人群和平共处的证据。故郡墓葬既有华夏系统文化的车马陪葬制度，又有北方族群特色的动物头蹄殉牲习俗。

在该时期的东北地区古代居民中，研究者对内蒙古赤峰大甸子遗址夏家店下层文化居民人骨进行研究后得知，该人群是一个同种系多类型的复合体，可分为三组。第一组接近蒙古人种东亚类型。第二组的主要种族成分与蒙古人种东亚类型接近，但存在蒙古人种北亚类型因素。第三组受到枕部人工变形影响的头骨，其基本体质特征与第二组相似。

秦以后

秦王朝开创了中国历史上首次大一统的政治格局。各民族间在政治、军事、经济、文化等领域的交流比先秦时期更频繁，规模亦更大。

秦汉时期，中国古代人群的基因与体质形态趋于稳定，为人骨考古学证实中华民族多元一体格局的形成提供了关键依据。从这一时期中原地区古人骨资料的基本体质特征来看，主体表现为蒙古人种东亚类型特征，同时不同地区亦兼含北亚、南亚等类型体质特征因素。由此，现代中国人群的基因类型与体质特征格局得以基本确立。

骨骼备忘录

爬山、骑马、蹲坐……长期进行这些动作会对人类身体造成怎样的影响？

农民、士兵、手工业者……不同的职业又会给人类身体带来怎样的影响？

这些影响在骨骼上是否也有所体现？

通过对骨骼进行研究能否推测出古代人类经常从事的行为活动或职业？

国际学术界关于行为活动对身体产生影响的研究可以追溯到 18 世纪。18 世纪初，意大利医学家拉马兹尼发现了某些中毒症状与摄入特定金属有关，他在《论手工业者的疾病》一书中记载了 52 种职业工人的健康状况，并论述了职业病的病因和职业的关系，例如外科医生或镀金工人会受水银之害，陶工或画家受铅之害。因此，萨马兹尼被誉为首位研究职业对人体健康状况影响的学者。而关于人类行为或职业对于骨骼影响的论述，最早见于塔克拉 1831 年发表的《论行业、贸易和职业以及城市状态和生活方式对健康和寿命的影响》一书。他发现长期从事纺织的织布工人的骨盆会出现变形，脊柱会出现侧弯，他认为恶劣的劳动条件和营养不良会加剧这些骨骼病变，并将这种在织布工人中常见的职业病命名为“织布者臀”。19 世纪下半叶，越来越多的解剖学家和外科医生们开始意识到骨骼形态和尺寸的不规则现象可能与人类的行为和职业有关。英国外科医生威廉 · 阿布斯诺特 · 莱恩通过观察到医院就诊的工人胸骨和锁骨发生的异常改变，推测这些骨骼变化是常年繁重的体力劳动所造成的，他使用“压力改变”一词来指代人类为适应习惯性动作而造成的骨骼形态变化，这种变化有别于

因年龄增长或创伤所造成的骨骼变化。因为人类骨骼的形态会受到附着在其上的肌肉组织的影响，如果人类的生活习惯造成某些特殊的肌肉群发挥作用，那么这些肌肉群附着处的骨骼表面则会发生相应的变化。20 世纪初，随着运动医学和整形外科医学的兴起与发展，越来越多的研究者开始从骨骼和牙齿结构的形态变化来探索并推测人类的习惯性活动。

那么，在人类骨骼考古学中，研究者该如何进行古代人类行为的重建与推测呢？

知识链接

骨重塑理论——沃尔夫定律

德国解剖学家沃尔夫通过实验发现，人和动物的骨密度与其受力情况有关，骨骼外形及其内部结构会受外力影响而产生变化，当人体的骨骼长时间承受外部压力时，其密度和硬度就会越来越大。简而言之，骨的生长、吸收、重建都与骨的受力状态有关，骨会在需要的地方生长，在不需要的地方被“吸收”。作为将力学与生物学相结合的一次重要尝试，学术界专门产生一门名为生物力学的学科。

依据沃尔夫定律可知，在太空出差的宇航员们，由于生活在密闭的微重力环境中，他们的肌肉运动频率小，因此骨骼负荷减少，骨骼细胞生长和骨质生成则会减慢，从而会引发骨质疏松等问题。

目前，常用的研究方法有三种：肌腱韧带起止点改变研究、骨骼测量分析、古病理学观察。

肌腱韧带起止点改变研究

肌腱韧带是连接肌肉和骨骼的强韧组织，在人体运动中作用至关重要。通过仔细观察或测量这些起止点在骨骼上的形态变化，能推断出古代人惯用的肌肉群及其发达程度。古代人的生活方式丰富多样，从狩猎采集到农耕定居，不同行为模式在身体上留下独特印记。人骨考古工作者通过研究骨骼上的肌腱韧带起止点，可以成功揭示古代人的日常活动和行为习惯，为理解古代人的活动强度和行为模式提供了关键线索。

中世纪的欧洲东南部，也就是今天的塞尔维亚地区，生活着两类人群：一类以狩猎采集为生，另一类则从事农耕。研究者对这两类人群的骨骼进行了深入研究，特别是股骨上的内收肌起止点。内收肌是一组重要的肌肉，它们帮助我们在骑马时保持稳定。

研究发现，狩猎采集人群和农耕人群的股骨内收肌起止点存在明显差异。这一发现引导研究者们提出了一个大胆的假设：内收肌起止点的变化可能是推断骑乘行为的重要指标。通过这项研究，我们不仅能够窥见古代人的生活方式，还能够理解他们的社会结构和文化特征。例如，骑乘行为的普及可能与战争、贸易或社会地位有关。这些发现为我们提供了一个全新的视角，让我们能够更加深入地探索和理解古代世界的复杂性。

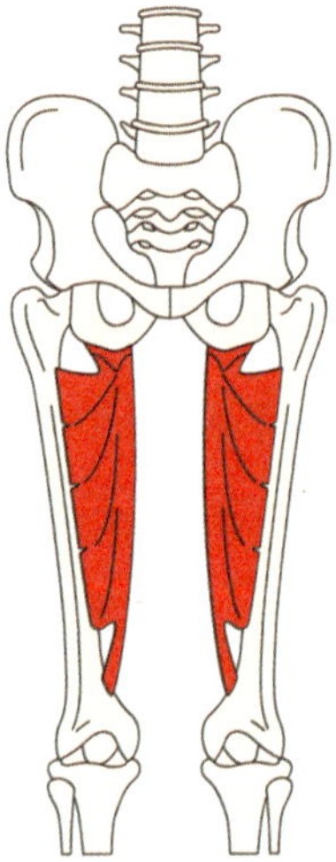
股骨内收肌

起止点研究还可以回答关于人的四肢对称性的问题，例如通过比较上肢骨骼左右两侧的起止点，可以探讨上肢对称程度，进而来推测人群的惯用手。此外，起止点研究还可以为探讨男女社会分工、群体差异、阶级差异等问题提供材料，这些都是探讨古代人群行为方式和职业的重要论据。研究者对生活在意大利蓬泰卡尼亚诺地区铁器时代的居民中的 18 例个体的骨骼进行起止点研究后发现，男性的所有肌肉都比女性发达。科伊桑人是非洲最古老的原住民族之一，在旧石器时代就已经生活在非洲广袤的土地上和森林中，他们以狩猎野生动物和采集植物的根、茎、叶为生。研究者对史前的科伊桑人骨骼上的起止点进行研究后发现，生活在不同环境下的人群活动强度存在差异：生活在森林中的科伊桑男性比生活在草原上的科伊桑男性活动强度更大，但两地的女性居民之间没有明显差异，据此推测科伊桑女性可能都从事着相对简单的劳动。

持箭的科伊桑男人

骨骼测量分析

如果能通过测量一根骨头，就了解一个人的生活方式，那该多么神奇！如今，研究者们正通过测量长骨横截面几何形态，来重建古人的行为活动。

随着人类从原始人向现代人的演化，我们的骨骼也发生了显著的变化。总体来看，现代人的骨骼比我们的祖先更为纤细。但这并不是一个简单的变细过程，不同职业和行为习惯的人群，他们的骨骼粗壮程度也各有差异。在英格兰的陶顿地区，有一群因著名的陶顿战役而长眠的将士。科学家对他们的骨骼进行了仔细的测量，结果发现了一个有趣的现象：这些将士的左侧肘部异常粗壮。经过研究，推测这可能与他们长期练习射箭有关。射箭是一项需要强大上肢力量的技能，长期的练习使得他们的骨骼发生了适应性的变化。同样，在南非开普敦地区石器时代晚期的丛林部落中，科学家也发现了类似的现象。部落男性的上肢骨骼粗壮度明显，推测这与他们使用长矛和弓箭狩猎的生活方式密切相关。

知识链接

肱骨的线索

通过对东亚地区旧石器时代晚期古人类肱骨化石的 CT 扫描和测量，研究者们发现了一些有趣的现象。与尼安德特人的肱骨相比，这些古人类的肱骨较为纤细，表明他们的上肢活动可能不如尼安德特人频繁。随着时间的推移，这些肱骨的左右不对称性逐渐减少，这可能反映了古人类从“单手习惯”向“双手协调”行为的转变。

肱骨化石

左利手的印记

复旦大学的魏偏偏教授对贵州招果洞遗址出土的 M1 个体上肢骨进行了骨干横断面生物力学分析，结果表明，M1 个体为左撇子，其上肢骨形态具有典型的欧亚旧石器时代晚期人类特征。M1 个体的上肢骨粗壮度和不对称性程度表明，他的生活方式主要是狩猎采集。

当我们将视线从上肢转移到下肢，骨骼测量研究又为我们揭示了古代人群的流动性问题。在意大利利古里亚北部地区，新石器时代的人比中石器时代的人拥有更加粗壮的大腿骨骼。研究者推测，该地区多山和丘陵地貌，新石器时代以狩猎采集为生，中石器时代以游牧为生，生活方式的改变和复杂的地形要求他们有更强的下肢力量来适应更疲惫的游牧生活。

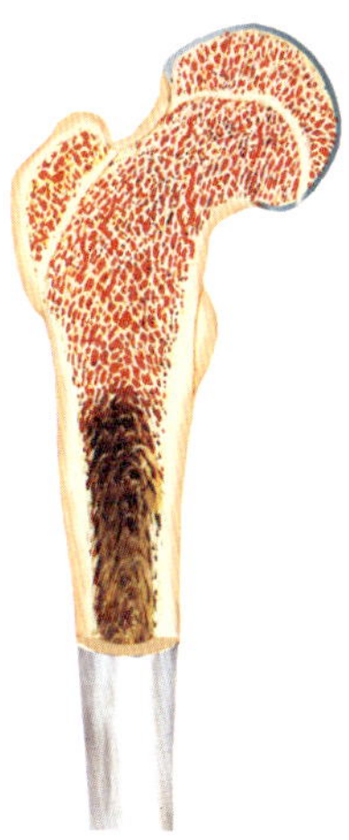
股骨

北京大学的何嘉宁教授对北京军都山东周游牧人群的股骨进行了深入研究。通过分析股骨干的生物力学参数，发现男性股骨干具有较高的流动性，推测其下肢功能活跃度高，女性股骨干情况相反，推测其下肢功能活跃度较弱，与农业人群相似。这揭示了军都山地区东周人群在劳动分工上可能存在性别差异。

通过这些研究，我们不仅能够了解古代人的生活方式，还能够探索他们的社会结构、文化习俗乃至生存策略。

古病理学观察

在民族学调查时发现，人类肩、肘、腕、手、脊柱、肋骨、臀部、膝盖、脚踝和颞下颌关节处的骨性关节炎与特定行为活动相关。如手腕和手指的骨性关节炎与缝制、锤打、剥皮和劈开硬物等行为有关；肩锁关节炎和肘关节炎与划船或投掷动作有关；椎骨关节炎可能与长期负重有关。

骨性关节炎的性别差异是研究者们用来推测古代人类行为模式的一个重要线索。在英国苏格兰的外赫布里底群岛，有一个叫作恩赛的群体。在这里，女性腰椎关节炎的出现率明显高于男性。这背后的原因可能与恩赛人的生活习惯有关。恩赛的女性常常将沉重的篮子或筒缠在胸前或背在肩上，长期的负重劳动可能导致了关节的磨损和炎症。

骨性关节炎不仅在性别上有差异，它还被用来探讨古代人群的生业模式。与农业人群相比，狩猎人群更易患关节炎，尤其是上肢关节炎的患病率更高。这是因为在狩

外赫布里底群岛

猎活动中，上肢需要参与投掷、游泳、垂钓、划船等多种活动，这些重复的动作对关节造成了较大的压力。

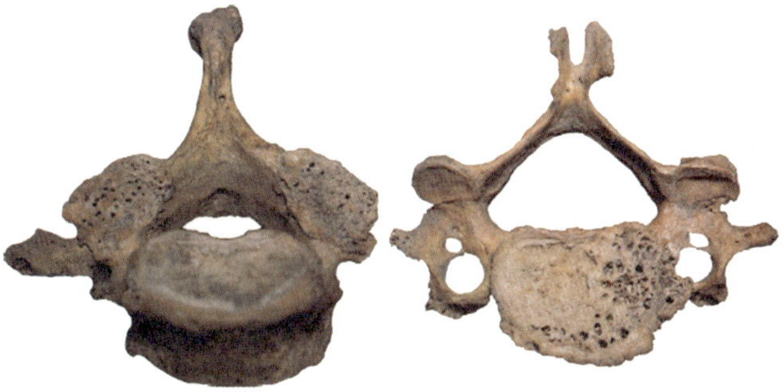

骨性关节炎

除了骨性关节炎，研究脊椎峡部裂和牙齿特殊磨耗也是重建古人行为的常用方法。脊椎峡部裂可能与投掷、划船、负重、种植等活动有关，这些活动对脊椎施加了不同的压力和负荷。而特殊的牙齿磨耗则可能与个人的用牙习惯有关。在英国肯特州，研究者在一具中世纪男性遗骸上发现了特殊的前牙磨损。经过比对，发现中世纪的铁钉能够精准地嵌入牙齿缺口，由此推测，这名男子生前可能长期从事木匠工作。

山西大学的侯侃教授在对山西榆次先秦时期聂店遗址出土人骨的研究中，发现了肌腱韧带起止点的改变和特殊的古病理学现象。这些发现表明，该遗址的古代人在日常生活中更倾向于使用右手，习惯性地先迈左腿，并且长期保持“跽”这个姿势，即跪坐。这种姿势在中原先民中非常典型，其判断依据是在跖骨远端多了一个特殊的关节面，被称为“跪踞面”。

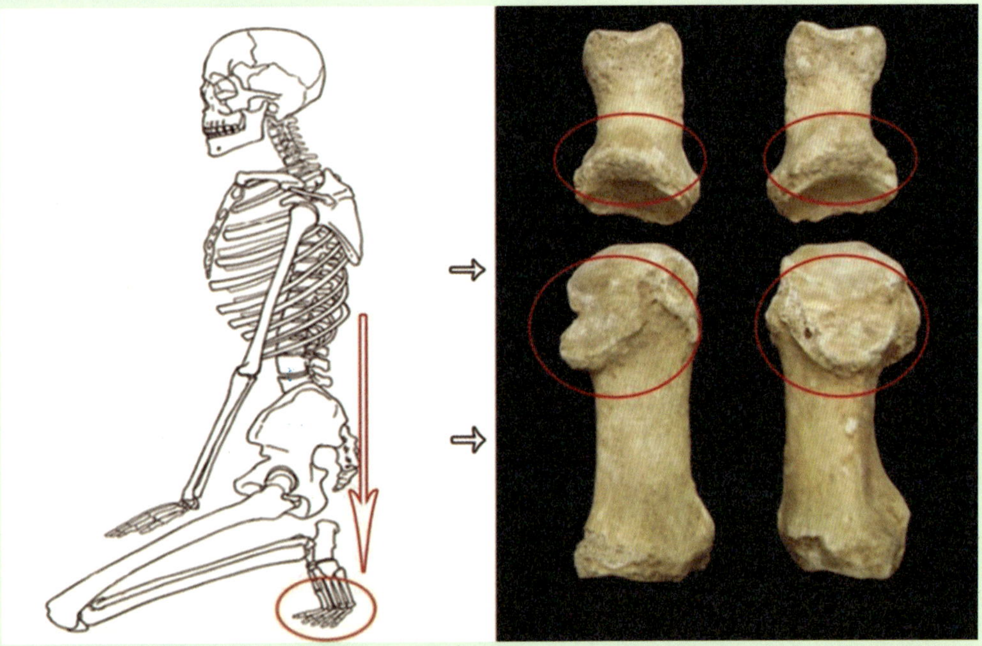

跪踞面

跪踞面通常是指因人类跪踞时，足部的脚趾持久地过度背侧曲，使得跖骨远端上关节面和趾骨近端上关节面发生骨骼形态改变，长期保持这一姿势则会在跖骨远端形成新的关节面。

殷墟妇好墓跪坐玉人

现代人坐姿通常是臀部与凳子或椅子等接触，但在古时，人的坐姿则与今大不相同。在凳子被发明之前，古代中原地区先民坐姿称为“跪坐式”，第一种“坐”姿是指双膝并拢，跪在地上，臀部坐在脚跟上；当古人的臀部没有坐在脚跟上，且挺身直腰时，这种“坐”姿称为“跽”，也叫“长跪”。结合妇好墓玉人和甲骨文中与跪坐姿势相关的众多文字，可见商人是跪坐的推崇者和普遍使用者。

除了跪坐式，古人还常常使用“蹲踞”“箕踞”等姿势。“蹲踞”就是采用蹲的方式坐下来，而“箕踞”与“蹲踞”相仿，只是两腿伸展分开像簸箕一样，古时箕踞而坐被认为是一种失礼的姿势。

箕踞而坐

通过这些研究，我们不仅能够窥见古代人的生活方式，还能够理解他们的社会结构、文化习俗乃至生存策略。骨骼，这些沉默的证人，为我们讲述了一个个生动的故事，凭一己之力撕开时间的裂缝，让我们感受到历史的深邃和复杂。

古人生病的证据

骨骼和牙齿是健康档案，记录古代人类如何同疾病共存与斗争。

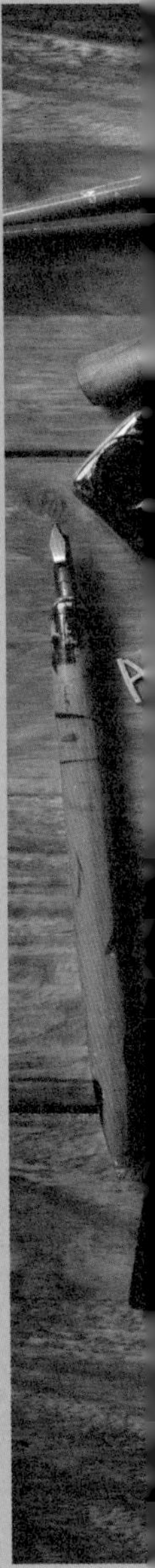

当人们生病时，医生会在病历上记录所有检查、诊断和治疗的过程。这个病历，也被称作“病史”，是一份珍贵的健康档案。“病历制度”在我国可追溯到西汉初期，据《史记 · 扁鹊仓公列传》所记，淳于意首创“诊籍”，这是我国最早的病史记录。如果我们想知道古代人类得过什么病，但并没有相关诊籍，或者彼时诊籍还没被发明出来，该怎么办呢？其实我们每个人的身体，尤其是骨骼和牙齿，都是一本活生生的病历，是我们的健康档案。研究者们可以通过分析骨骼和牙齿上的病理现象，来探索古代人类的健康状况和生活方式。这项研究被称为古病理学，它帮助我们理解古代人类如何同疾病共存与斗争，以及当时的生活环境给他们的健康带来了什么影响。

坚硬的小伙伴

牙齿，我们身体中最坚硬的战士，它们不仅是我们咀嚼食物的得力助手，还是支撑面容、辅助发声的坚强后盾。但你知道吗？这些小小的战士也是最容易被我们损坏的器官。

你有没有因为牙疼，整夜辗转反侧，难以入睡？

你有没有因为牙疼，面对一桌子的美食无法享用？

你有没有因为牙疼，责备自己没有好好坚持早晚刷牙？

常言道：“牙疼不是病，疼起来真要命。” 牙疼虽然不会直接危及生命，但如果忽视它，可能会引发更严重的健康问题。那么，牙疼背后的罪魁祸首是什么呢？它是人类演化过程中的不完美副产品吗？古人是否也会因为牙疼而备受煎熬呢？

赞比亚，一个非洲东南部的内陆国家，国内一座名叫卡布韦的城市中曾发现有重要的史前人类骨骼化石——布罗肯山人（也称作卡布韦人）1 号，距今约有 29.9 万年的历史。通过观察发现，该个体生前曾患有多种口腔疾病，例如严重的龋齿、齿槽脓肿以及牙周炎等。

这些口腔疾病同样也困扰着我们现代人类。比如龋齿，也就是我们常说的蛀牙，它是由我们口腔里的细菌引起的。如果我们享用完富含碳水化合物的食物，例如糖果或含糖饮料，不刷牙的话，这些甜甜的食物残渣就会留在我们的牙齿上，变成细菌的美味大餐，吃饱后的细菌会释放出一种叫作酸的东西。牙齿的外层是牙釉质，它是人体骨质中最坚硬的部分，但并不是无敌的。如果这些酸一直停留在牙齿上，牙釉质就会开始变软，直至溶解造成龋坏。

其实，除了糖果和含糖饮料，我们吃的很多食物，比如谷类、根茎类蔬菜、水果和奶制品，都含有碳水化合物。它们的获取与人类生存环境、生业模式有着最直接的关系。在石器时代，人们有两种不同的生活方式：一种是“狩猎采集型”，人们通过

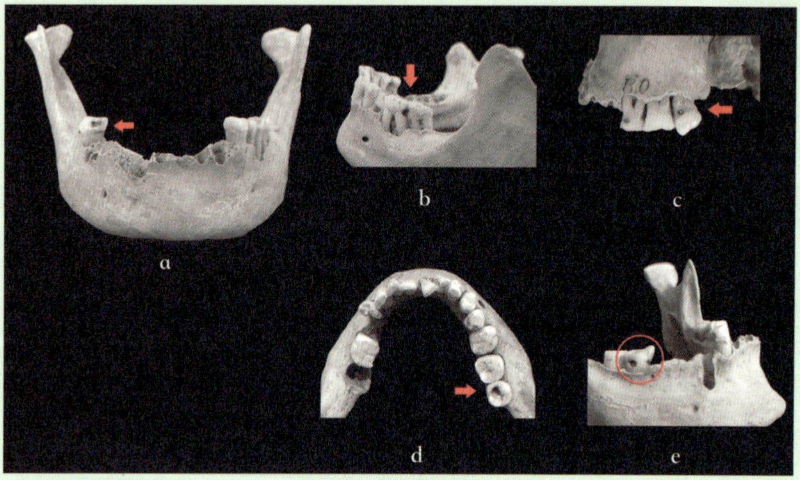

不同部位的龋齿

古人类学家在我国广西崇左的木榄山智人洞发现了一件大约 10 万年前的人类化石。该化石的一枚牙齿上面有着一大片被蛀坏的痕迹，这可能是我国发现的最早的蛀牙证据。

打猎和摘果子来填饱肚子；另一种是“农业型”，人们通过种田和饲养动物来获得食物。科学家们发现，当人们的生活方式从打猎和摘果子变成种田和饲养动物的时候，蛀牙就变多了，究其原因是农作物里含有很多碳水化合物。研究者们通过研究古代人的患龋情况，可以了解他们是靠什么样的生活方式来过日子的。

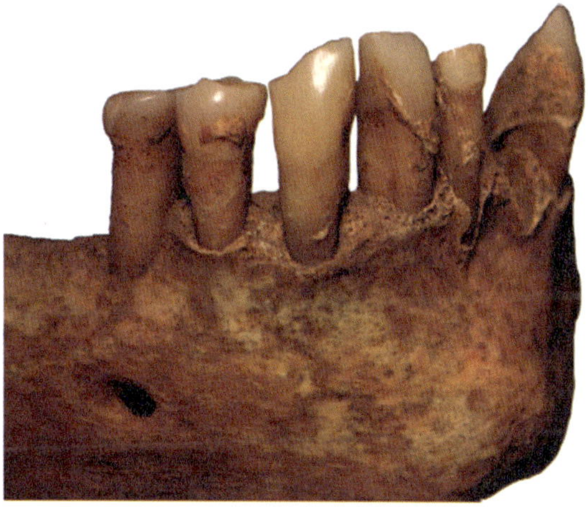

牙结石

除龋齿外，人骨考古工作者们还经常在古人牙齿上发现牙结石。牙结石，有时也被称为牙石，是牙齿上的一些顽固的“小石头”。它们由牙齿上的软垢和牙菌斑钙化形成，像是为牙齿穿上了一件坚硬的、难被去除的盔甲。但牙结石并不能保护牙齿，而且还是造成其他牙齿疾病的帮凶。

就像龋齿一样，牙结石的形成也和我们吃的食物有很大关系。我们吃完东西牙齿上会留下一些食物残渣，加上口腔里的细菌和蛋白质，就会形成一层薄薄的牙菌斑。如果我们不及时清理，牙菌斑就会慢慢变硬，变成牙结石。特别是当我们吃了碳水化合物等黏性食物，这些食物就像是给牙菌斑加上了一层胶水，让它们更容易粘在牙齿上，也更容易形成牙结石。但当我们吃了一些绿叶菜，这些富含膳食纤维的食物就会化身牙齿的清洁工，帮助我们清除牙齿上的食物残渣和牙菌斑。牙结石是一本神奇的“食谱”，它记录了牙齿主人一段时间内吃了什么。研究者们可以通过分析牙结石的成分，比如植硅石、纤维和孢粉等，了解古代人类都吃了哪些食物，通过这本“食谱”，研究者们甚至可以推测出牙齿主人的生活方式是狩猎采集型还是农业型。

更有趣的是，我国的科学家们还在恐龙化石中发现了类似牙结石的物质。他们从中提取出了 1 亿多年前的植物起源信息。

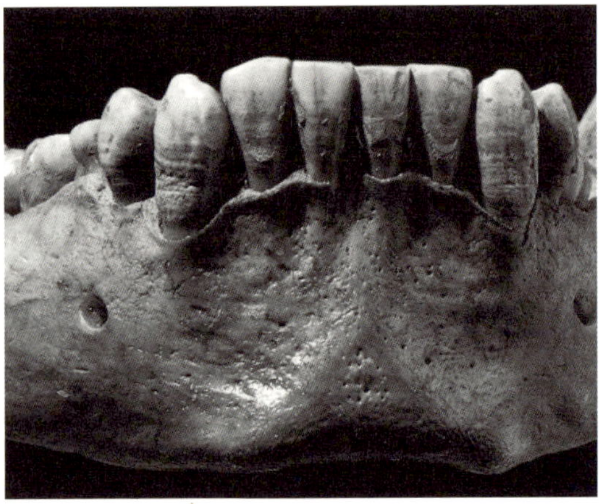

牙周病

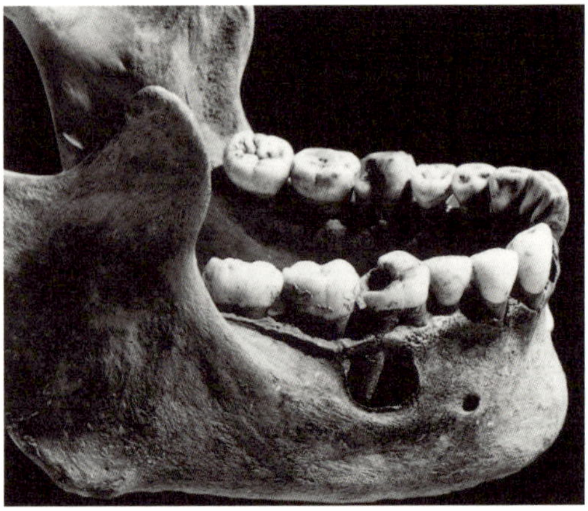

根尖周病

古人常见的另一种口腔疾病是牙周病，它也可能由牙结石和牙菌斑引起。牙结石和牙菌斑会让牙龈发炎，如果炎症扩散到牙槽骨——就是那些紧紧抱着牙齿的骨头，牙槽骨就会开始萎缩，牙齿失去支撑，就会变得摇摇晃晃，严重时甚至脱落。另外，如果我们总是咀嚼坚硬的食物，牙齿也会受到磨损，这也可能是形成牙周病的原因。牙周病是人类口腔健康的最大敌人。如果把我们的牙齿比作小树，那么牙周组织就像是支撑它们的土壤。当“土壤”出现问题时，“小树”也会受到影响。

研究者们通过研究古人牙齿发现了牙周病留下的线索。例如，在 80 万年前的陕西蓝田猿人的下颌骨上，就有明显的齿槽骨萎缩痕迹，这是牙周炎症的证据；在 1.8 万年前的北京山顶洞人的老年个体下颌上，研究者们也发现了牙槽骨收缩的痕迹。

贫血解码器

人们在埃及发现了一例名叫梅里塔蒙的少女木乃伊。梅里塔蒙并不是一位普通的少女，她的身份可能非常尊贵，因为她的木乃伊被精心制作并保存下来。研究者们使用 CT 扫描技术给梅里塔蒙的头颅拍了照片，然后用 3D 打印机把颅骨模型打印出来。他们发现梅里塔蒙的颅骨上有些特别的地方——她的骨壁比一般人要薄，顶骨上还有很多细小的孔洞，研究者推测这些孔洞可能是贫血留下的痕迹。贫血，这个名字听起来可能有点可怕，但其实它就像是我们身体经历的一场小小危机。当血液里的红细胞和血红蛋白——也就是让血液看起来红红的家伙——数量少于正常值时，就是贫血。造成贫血的原因有很多，有的是因为身体里缺铁，有的是因为流血太多，还有的可能是因为红细胞破裂太快，或者缺少了某些维生素。贫血的时候，我们身体里的红骨髓——也就是制造血细胞的工厂——要加班加点地工作，这样骨头里的骨髓就会变得更加活跃，导致某些部分的骨骼变薄，甚至出现细小的孔洞。但别担心，这并不是不可逆转的。一旦贫血得到了改善，这些多孔的骨头也会慢慢恢复到原来的样子。

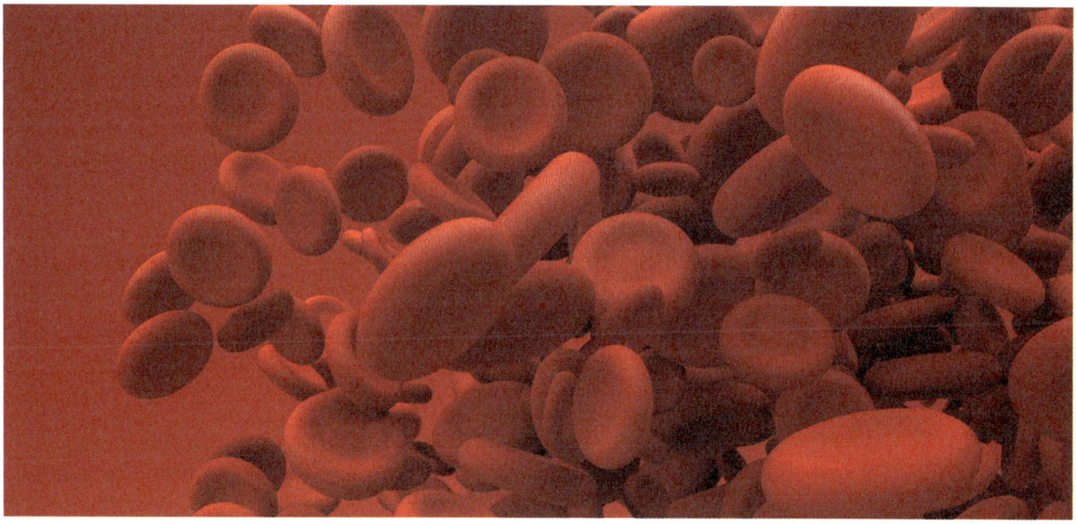

血液里的红细胞

颅骨顶部的多孔性骨肥厚和眼眶眶顶筛孔样变是研究者们在古人颅骨上经常发现的贫血痕迹。多孔性骨肥厚出现在头顶的骨头上，这些骨头会变得有很多孔，而且看起来比较厚；眶顶筛孔样变发生在眼睛上方的骨头里，那里会出现很多小小的洞，就像筛子一样。虽然这些小孔不全是贫血的直接证据，但它们是古人贫血最常见的线索。研究者们通过对这些孔洞进行记录分析，可以探索古人们的生活条件和饮食习惯。比如他们是否营养不良，生活环境、健康状况如何等。

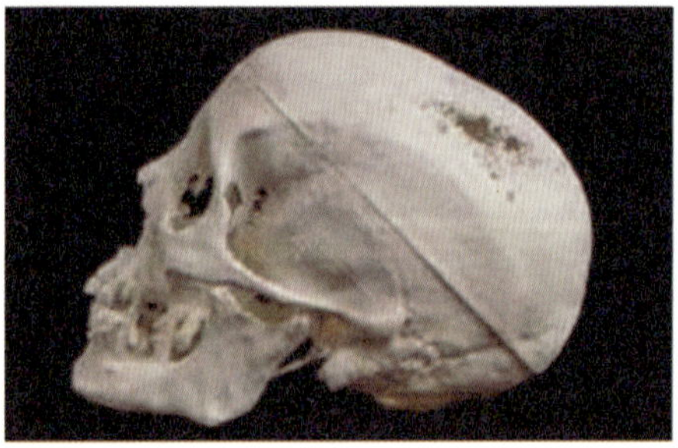

梅里塔蒙颅骨模型的多孔样损伤

梅里塔蒙容貌复原

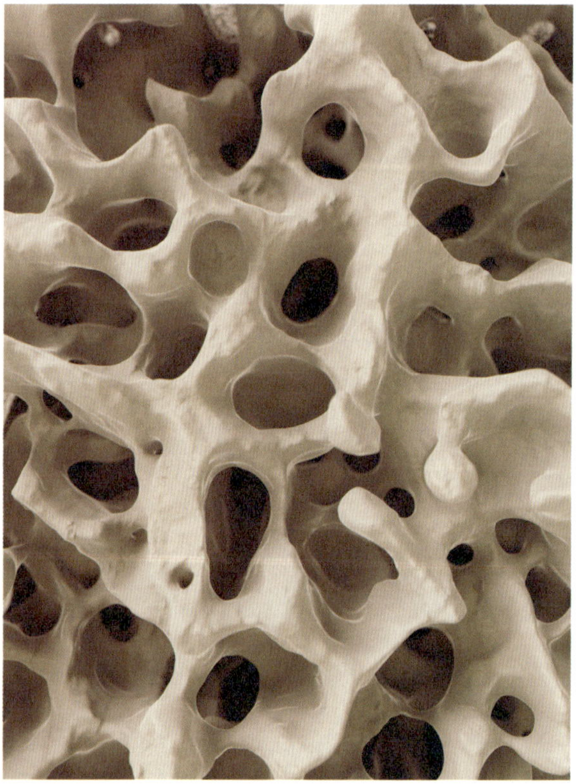

人体骨骼结构图

陈年“氟”事

24 万—18 万年前，在今贵州北部桐梓县一个群山环绕的地方，生活着一群古代人类，被称为“桐梓人”。他们的生活仿佛被笼罩在一层神秘的面纱之下，直到古人类学家揭开那段尘封的历史。一天，古人类学家们在一次考古挖掘中，意外地发现了桐梓人的化石。他们惊喜地发现，这些化石中个别个体的牙齿上有淡黄色斑点，经过分析，研究者推测这些斑点是由他们生活环境中氟含量较高造成的。氟是一种神奇的元素，如果适量，它可以帮助我们的牙齿抵抗蛀牙。但是如果太多，它就会在牙齿上留下标记。想象一下，当夜幕降临，疲于生计的桐梓人围坐在一起，分享着一天的狩猎采集成果，孩子们在周围追逐嬉戏，他们的笑声和欢呼声回荡在夜空中，却不知道环境中的氟正悄悄地在他们身体上留下印记。这些氟斑牙不仅是桐梓人生活的一部分，也是自然环境作用在他们身上的证据。

氟斑牙也叫作斑釉齿，主要发生在门齿上，身体里氟元素过多使得牙齿表面变得粗糙，失去光泽，变成棕黄色，还会出现褐色斑痕。这是一种地方性很强的疾病，桐梓人的牙齿化石就是这种病在我国出现的最早例证。除了氟斑牙，氟元素摄入过多还会引起其他骨骼病变。例如，椎骨变得异常坚硬，密度增加，边缘增生，变得像嘴唇一样厚，久而久之会使得人们的背部变得不够灵活，严重者可能导致下半身瘫痪。再比如，手臂和小腿骨骼表面上会形成一种像蜘蛛网一样覆盖在骨头上的薄膜，并发生钙化。

桐梓岩灰洞遗址

刻肌刻骨

让我们坐上一台时空穿梭机，穿越到公元前 5—公元前 3 世纪的欧洲。我们的目的地是一个叫作斯皮纳的地方，那里现在是意大利费拉拉城的一部分，住着一群热爱生活、自由浪漫的伊特鲁里亚人，他们以卓越的工程和建筑技艺闻名于世。在这里，女性大多从事纺织和编织的工作，她们手指灵巧，能编织出美丽的图案，但长时间辛苦劳作也让她们的背弯得像弓一样。不幸的是，一些女性因为过度劳累，颈椎骨和腰椎骨遭受了极大的压力，甚至发生了骨折。斯皮纳的男人们需要承担保卫家族的重任。他们勇敢、强壮，是家族的守护者。但生活并不总是平静的，一天，斯皮纳的商人在亚得里亚海上与一群海盗发生了激烈的交锋。在这场战斗中，一名勇敢的男子头部不幸被海盗击中，留下了一处深深的凹痕。幸运的是，他的头盔保护了他，这一击并未致命。但另外两位男子就没有那么幸运了，一位腹部被刺穿至脊柱，尽管他勇敢地战斗到了最后一刻，但最终还是因为伤势过重而牺牲；另一位右大腿后侧被砍伤，导致股动脉破裂，失血过多而亡。

关于这些勤劳勇敢的伊特鲁里亚人的事迹，被记录在了他们的骨头上。几千年后，考古学家在斯皮纳的墓地中发现了这些带有创伤痕迹的骨骼，他们的故事得以被人们知晓。

压缩性骨折

骨质砍创

骨头上的损伤痕迹不仅能够告诉人们逝者生前的健康状况，还描绘了他们的生活方式。当研究者们仔细观察这些痕迹时，就像是在翻阅一本本人生大事记。比如，有些损伤像是摔倒或撞击造成的，有些像是过重体力劳动造成的，还有些甚至表示出这个人参与了一场战斗。这些古代人骨上的损伤痕迹，记载了古人或艰辛或勇猛的一生。

此外，我们在古代人骨标本上还会发现一些特别的损伤，这些痕迹告诉我们，古人的生活里还充斥着一些奇怪的风俗习惯。例如，在一些古老的文化里，有些人会做一件听起来很可怕的事情——剥头皮。就像用剃刀剃头发一样，他们会用锋利的工具割掉头皮的一部分。在北美的原住民、西伯利亚远古人群，甚至在我国的一些史前遗址中，都能找到这种残忍做法留下的痕迹。

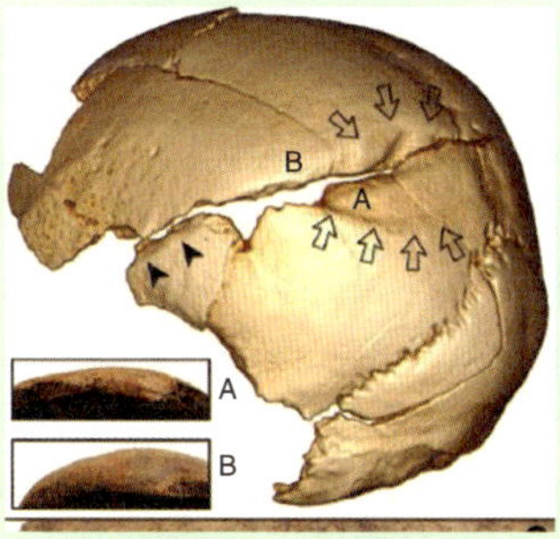

剥头皮痕迹

1957年，河北邯郸涧沟龙山时代晚期遗址出土了6例留有砍砸痕迹的颅骨标本，考古学家对这些颅骨进行了观察，发现女性颅骨上都有明显的刀痕，其中一例女性颅骨上，从额头经头顶一直到后脑勺有一条长长的钝刀割痕，研究者推测这个痕迹可能是剥头皮时留下的。因为当时的工具不够锋利，所以人在剥头皮时会来回错动而在颅骨上留下明显的痕迹。

在20世纪60年代，人类学家斯奎尔在遥远的秘鲁发现了一块非常特别的石器时代的人头盖骨。这块头盖骨上有着令人惊叹的发现：四条沟槽，它们切割得非常精确，就像用尺子画出来的一样。其中两条沟槽平行延伸，另外两条则与它们相交，形成了一个完美的方形区域。这个区域内的头骨是完整的，但显然曾经被人巧妙地打开过。根据斯奎尔的研究，这位古代的病人在手术之后只活了大约15天。

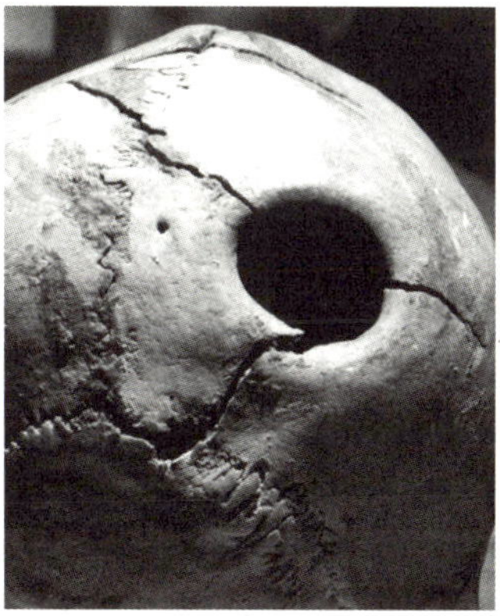
颅骨环钻术痕迹

还有一种听起来很神秘的习俗叫作颅骨环钻术，就是在人头上开一个洞。这种手术很危险，有的人甚至因为这个手术而失去了生命。但是，也有一些人奇迹般地活了下来。关于为什么要做这种手术，有很多猜测，有的人认为可能是为了治疗头痛或者癫痫，有的人则认为这可能和古老的巫术有关，比如释放灵魂。

2001 年，人类学家韩康信在整理山东广饶傅家大汶口文化遗址出土的人骨时，发现了其中一例个体的颅骨上有一个圆形的孔。这个发现立即引起了他的好奇：这个孔是怎么来的？韩康信根据他的人类学知识和多年的经验，经过深思熟虑，得出了一个惊人的推测：这个孔可能是古人进行开颅手术留下的痕迹。

几个月后，一个现代的医学奇迹为这个古老的谜团提供了线索。在山东齐鲁医院，一位曾在 1979 年因车祸接受过开颅手术的急诊病人接受了头部的 CT 扫描。当专家们对比这位病人的 X 光片和傅家遗址出土的颅骨时，惊奇地发现，两者的开孔创伤痕迹竟惊人的一致。这个发现让韩康信的推论更加可信。2004 年 8 月，山东省文物考古研究所召开了一场论证会，经过激烈的讨论，专家们最终认同了韩康信的推论。他们宣布，在大约 5200 年前的山东已经出现了疑似的开颅手术。

身体的“顶梁柱”

让我们再次坐上时空穿梭机，穿越到距今 7000 年的河南淅川地区，此时正值新石器时代。在江边的一个部落里，一名男婴呱呱坠地，起初这个小男孩和别的孩子一样活泼好动，但随着他渐渐长大，他发现自己的背开始变得奇怪。每当他尝试弯腰或扭动身体时，他的背部就会感到疼痛。起初，他以为这只是成长的烦恼，但随着时间的流逝，情况越来越糟。他的背部不仅疼痛，而且开始变得僵硬，腿部也时常感到麻木、刺痛和无力，逐渐影响他的正常生活，但限于当时的医疗条件，族人并没有办法帮他医治。

经过几千年的轮回，当年的部落早就变成了一处重要的史前遗址，当考古工作者对该遗址进行发掘时，

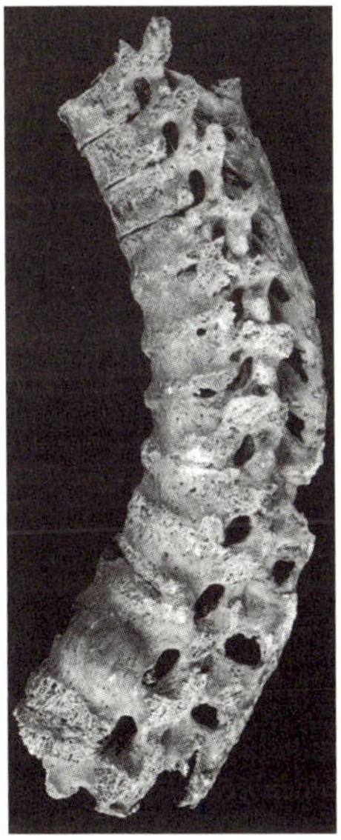

强直性脊柱炎

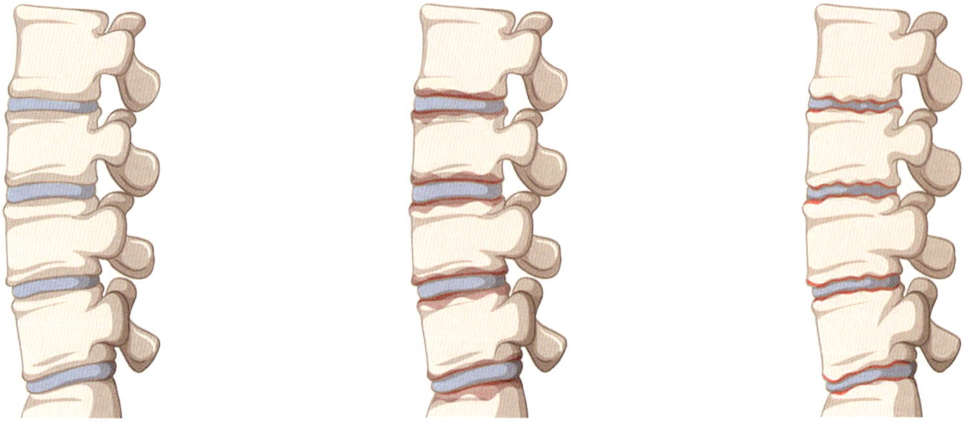

强直性脊柱炎脊柱的变化

发现了一例特别的青壮年男性人骨标本，他的第二和第三腰椎关节前半部不是分开的，而是被一个竹节状的骨化韧带骨赘连接成了一个整体。同时还在腰椎上看到一些骨刺，它们长短不一，从关节面伸出，但并未彼此连接，这就像是在试图将这些椎骨更紧密地绑定在一起，却又未能完全做到。同时，椎体的横突和上下关节突边缘已经出现了骨质增生，这是骨骼试图修复自身的迹象。更令人惊讶的是，第三和第四腰椎的前上缘也出现了类似的竹节状骨赘，它们将这两个腰椎连接成了一个坚固的单元。经过人骨考古工作者仔细地观察分析，得出结论，这位男性很可能患有强直性脊柱炎，这是一种慢性疾病，会导致脊椎关节的疼痛和僵硬，最终可能导致脊椎骨之间的融合。

在古代人的骨头上，研究者们还发现一种与强直性脊柱炎有几分相似的疾病，这种疾病有个很长的学名，叫作弥漫性特发性骨质增生症，不过，研究者们为了方便，通常会用它的英文缩写 DISH 来称呼它。患有 DISH 的人，他们的椎骨前面也被骨化的韧带连接起来，但椎间隙还是正常的，与强直性脊柱炎不同，至少要有 4 个连续的椎骨是这样才能诊断为 DISH，而且这个疾病更喜欢找中老年男性的麻烦。

椎骨作为我们身体的“顶梁柱”，过度融合会导致疾病的发生，发育不全也同样会对人们的健康造成威胁，就像是在建造顶梁柱时，两块石头没能完全拼接上，留下了一个小小的缺口，医学上称其为脊柱裂。脊柱裂通常出现在我们的腰部和臀部相接的地方，这在古代人骨标本上也会被观察到。如果脊柱裂伴随着脊髓的异常发育，可能会影响身体的正常功能。

脊柱裂

此外，在古代人骨标本中还会出现腰椎和骶椎发育异常的现象，即有些人可能会多出一个腰椎，或者本来是骶椎，但看上去与腰椎更像，这种现象被称之为腰椎骶化。

下次当你在博物馆里看到古代人的骨骼时，不妨想象一下这些骨骼背后隐藏着怎样的故事。它们见证了古代人的生活，见证了他们的劳动、他们的技能，甚至是他们的疾病。通过科学研究，我们能够揭开这些秘密，让古代人的故事重新活灵活现。你愿不愿意跟我们一起踏上这场穿越时空的探索之旅，发现更多关于古人生活的奥秘呢？

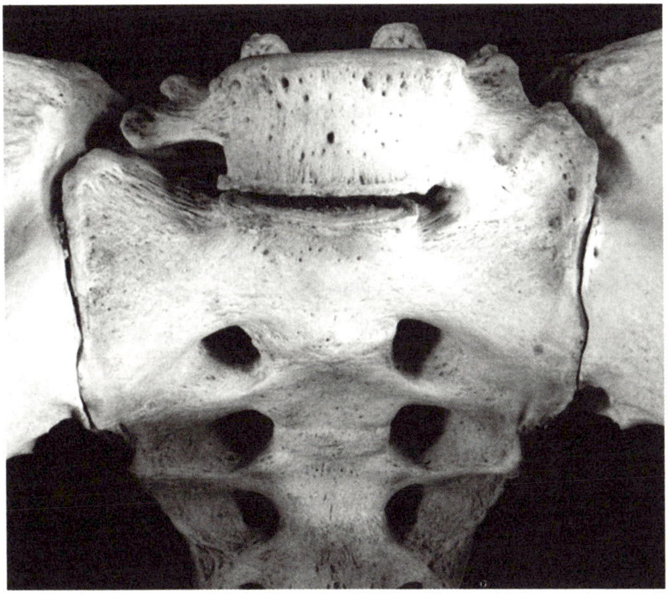

腰椎骶化

人骨考古的希冀

当我们回望中国现代考古学的百年历程，不难发现，自然科学技术手段的广泛应用已成为其发展的重要标志。人骨考古学，作为科技手段与考古学研究相结合的重要学科，自诞生之初便与现代考古学同呼吸、共命运。它不仅为我们揭开了人类起源的神秘面纱，更让我们得以一窥古代社会的面貌，深刻理解人类健康史的演变。

自新中国成立以来，一代又一代的人骨考古工作者，薪火相传，继往开来，为我国考古学的发展贡献着自己的智慧和力量。特别是在 20 世纪 90 年代，古 DNA 技术的飞速发展，让我们得以从人类骨骼中提取遗传信息，科学地复原了我国古代人类遗传演化与交流互动的历史。

步入 21 世纪，我国的人骨考古研究迎来了飞跃式的发展。近十年来，跨学科的合作已成为常态，使考古遗址和遗存的研究更加科学、精细、深入。人骨考古学、分子生物学、骨化学分析等科技考古领域的专家学者，正以他们的智慧和努力，推动着考古学研究的边界不断拓展。

如今的人骨考古学早已不是什么冷门专业，研究者们踵事增华，正可谓方兴未艾。2014 年，中国考古学会成立了人类骨骼考古专业委员会，这标志着我国在人类骨骼考古研究方面的资源整合和学术指导达到了新的高度。我们的从业人员队伍日益壮大，他们正用自己的实际行动，为解开中华文明早期社会演进过程中人群交流与融合等重大学术问题而努力。

亲爱的青少年朋友们，当今世界科技发展星奔川骛，我们所掌握的知识随时都可能被新的发现所刷新。但这并不妨碍我们今天的探索与思考。如果你对考古充满热情，渴望与我们一同探究人类的过往，梳理人类进化的脉络，那么请砺戈秣马，踔厉奋发，勇敢地迈出你的第一步。在不远的未来接棒中国人骨考古事业，替我们继续丈量人类进化的步伐，讲述镌刻在人类骨骼里的宫移羽换，同时在更大的维度上审视自我与世界。

附　录

人骨考古之最

我们的祖先已在这片土地上繁衍生息了百万年。在文字诞生之前的漫长岁月里，他们经历过怎样的生老病死？拥有怎样的体质特征？过着怎样的生活？人骨考古学家手中握着解锁这些谜题的钥匙 —— 祖先遗留下的骨骼与牙齿。通过对考古发掘出土的一例例人骨化石或骨骼标本进行细致的形态观察、科学的检测分析，人骨考古学家得以重建一部鲜活的人类演化史、健康史乃至社会关系史。这些沉默的骨骼与牙齿，成为了破译远古密码的关键 “文本” 。

在此，结合人骨考古学，特别是古人类学研究的最新突破性发现，介绍 9 处具有标志性意义的古人类化石标本让我们一起通过这些沉默的化石，倾听远古祖先的生命絮语，以及人类绵延不断的文明脉络。

阿尔迪

1992 年在埃塞俄比亚发现的“阿尔迪”骨骼化石，属于地猿始祖种，生活在 440 万年以前，是迄今已知最古老原始人化石。

德马尼西人

2005 年，在格鲁吉亚考库塞斯丘陵地带的德马尼西挖掘出的德马尼西人骨骼化石，其年代可追溯到大约 180 万年前，是在非洲以外地区发现的年代最为久远的人类化石。

华龙洞人

东亚地区年代最早的从古老型人类向智人过渡的古人类化石，时代距今 30 万年。

元谋人

被认为是世界上最早的智人化石之一，距今已有 170 万年。

郧县人头骨化石

迄今欧亚内陆发现的同时代最为完整的古人类头骨化石。

北京人

我国学者最早发现的古人类化石。

陕西蓝田公王岭直立人

距今 163 万—115 万年，是我国境内发现最早的古人类化石。

木榄山智人洞人类化石

其牙齿上的一大片被蛀坏的痕迹是我国发现的最早的蛀牙证据。

桐梓人的牙齿化石

氟斑牙在我国出现的最早例证。

图片来源

第 12 页图：青海省文物考古研究院王倩倩拍摄

第 13 页图、第 14 页图：王明辉、贾笑冰、李新伟等：《科技助力考古学 —— 中国考古学百年纪念》，《科学世界》2021 年 10 期

第 21 页左下图、第 23 页上图、第 29 页图、第 107 页图、第 108 页图、第 110 页上图、第 110 页下图、第 147 页图、第 152 页左图、第 152 页右图、第 157 页上图：Efthymia Nikita: *Osteoarchaeology. A Guide to the Macroscopic Study of Human Skeletal Remains,* Cambridge, MA: Academic Press; 2017

第 22 页右图：Christensen AM：*Forensic anthropology. Current methods and practice.* San Diego: Elsevier; 2014

第 23 页下图、第 109 页图、第 148 页左图、第 148 页右图：Tim D. White: *Human Osteology,* Academic Pr；2012

第 27 页上图：László O, Millard A R, Gröcke D, et al. ：*"Investigation of a historical crime scene"-A comprehensive study of an unusual burial in the Calvinist Church of Sóly,* Hungary, 2019

第 27 页下图：*Tucker K.*：*The osteology of decapitation burials from Roman Britain: a post-mortem burial rite,* 2013

第 35 页图：张旭拍摄

第 37 页下图："科技部发布 2017 年度中国科学十大进展"报道

第 38 页上图：《自然》杂志官网

第 44 页左图：潘伟斌、王仲杰：《曹操患头风病和华佗被杀之原因探究》，《黄河 · 黄土 · 黄种人》2017 年第 16 期

第 74 页图：西藏自治区文物保护研究所、中国科学院古脊椎动物与古人类研究所、那曲市文化和旅游局：《西藏申扎县尼阿底旧石器时代遗址 2016 年发掘简报》，《考古》2024 年第 3 期。

第 83 页图、第 84 页左下图：采自德国普朗克演化人类学研究所

第 84 页右下图：采自德国普朗克演化人类学研究所网站

第 106 页图：ScheuerLouise：*The Juvenile Skeleton*，Academic Pr；2004

第 140 页图：赵永生、曾雯、郭俊峰等：《商代人骨上跪踞面的观察与分析》，《考古》2020 年第 10 期

第 141 页上图：中国社会科学院考古研究所：《殷墟妇好墓》，文物出版社，1980 年

第 155 页图、第 157 页下图：Robert W. Mann: *Photographic Regional Atlas of Bone Disease,* Charles C. Thomas Publisher；2005

* 其他图片来自视觉中国